A mes enfants

Nas E. Boutammina

Connaissez-vous L'Islam ?

Dans les mêmes Editions

- Nas E. Boutammina, « Musulmophobie - Origines ontologique et psychologique », Edit. BoD, Paris [France], décembre 2009.
- Nas E. Boutammina, « Les Jinn bâtisseurs de pyramides…? », Edit. BoD, Paris [France], janvier 2010.
- Nas E. Boutammina, « Jésus fils de Marie ou Hiyça ibn Māryām ? », Edit. BoD, Paris [France], décembre 2010.
- Nas E. Boutammina, « Moïse ou Moūwça ? », Edit. BoD, Paris [France], janvier 2010.
- Nas E. Boutammina, « Abraham ou Ibrāhiym ? », Edit. BoD, Paris [France], février 2010.
- Nas E. Boutammina, « Mahomet ou Moūhammad ? », Edit. BoD, Paris [France], mars 2010
- Nas E. Boutammina, « Le Jinn, créature de l'invisible », Edit. BoD, Paris [France], janvier 2011.
- Nas E. Boutammina, « Français musulman - Perspectives d'avenir ? », Edit. BoD, Paris [France], mai 2011.
- Nas E. Boutammina, « Judéo-Christianisme - Le mythe des mythes ? », Edit. BoD, Paris [France], juin 2011.
- Nas E. Boutammina, « Les contes des mille et un mythes - Volume I », Edit. BoD, Paris [France], juillet 2011.
- Nas E. Boutammina, « Y-a-t-il eu un temple de Salomon à Jérusalem ? », Edit. BoD, Paris [France], aout 2011.
- Nas E. Boutammina, « Les contes des mille et un mythes - Volume II », Edit. BoD, Paris [France], novembre 2011.
- Nas E. Boutammina, « Les ennemis de l'Islam - Le règne des Antésulmans - Avènement de l'Ignorance, de l'Obscurantisme et de l'Immobilisme », Edit. BoD, Paris [France], février 2012.
- Nas E. Boutammina, « Le secret des cellules immunitaires - Théorie bouleversant l'Immunologie [The secrecy of immune cells - Theory upsetting Immunology] », Edit. BoD, Paris [France], mars 2012.
- Nas E. Boutammina, « Le Livre bleu - I - Du discours social », Edit. BoD, Paris [France], juillet 2014.

- Nas E. Boutammina, « Le Rétablisme », Edit. BoD, Paris [France], mars 2015. 2ᵉ édition.
- Nas E. Boutammina, « Comprendre la Renaissance - Falsification et fabrication de l'Histoire de l'Occident », Edit. BoD, Paris [France], avril 2015. 2ᵉ édition.

Collection Anthropologie de l'Islam

- Nas E. Boutammina, « Apparition de l'Homme - Modélisation islamique - Volume I », Edit. BoD, Paris [France], septembre 2010.
- Nas E. Boutammina, « L'Homme, qui est-il et d'où vient-il ? - Volume II », Edit. BoD, Paris [France], octobre 2010.
- Nas E. Boutammina, « Classification islamique de la Préhistoire - Volume III », Edit. BoD, Paris [France], novembre 2010.
- Nas E. Boutammina, « Expansion de l'Homme sur la Terre depuis son origine par mouvement ondulatoire - Volume IV », Edit. BoD, Paris [France], décembre 2010.

Collection Œuvres universelles de l'Islam

- Nas E. Boutammina, « Les Fondateurs de la Médecine », Edit. BoD, Paris [France], septembre 2011.
- Nas E. Boutammina, « Les Fondateurs de la Chimie », Edit. BoD, Paris [France], octobre 2013.
- Nas E. Boutammina, « Les Fondateurs de la Pharmacologie », Edit. BoD, Paris [France], novembre 2014.

Introduction

« Ne méditent-ils pas sur le Coran [Qour'ān] ? S'il provenait d'un autre qu'Allah, ils y trouveraient certes maintes contradictions ! » (Coran, 4-82)

« Ce Coran n'est nullement à être forgé en dehors d'Allah, mais c'est la confirmation de ce qui existait déjà avant lui, et l'exposé détaillé du Livre dans lequel il n'y a pas de doute, venu du Seigneur de Hālamīyn [Univers, Humain, Jinn et tout ce qui existe autre qu'Allah]. » (Coran, 10-37)

L'Islam, tel qu'il se définit par lui-même, provient d'une culture où les hommes ont acquis un sens développé de la différenciation entre l'esprit humain et l'environnement naturel, entre la conscience subjective et le fait objectif et, de ce fait, entre l'esprit et la matière.

Cet élément de différenciation chemine avec les progrès de la civilisation monothéiste [scientifique et métaphysique] dans lesquelles l'exercice du *Dīne* [*croyance* ou *pratique religieuse*] demande une participation différente des individus au sein de la société. Aussi, dans ce type de cité monothéiste, un degré de collaboration plus élevé est nécessaire entre des individus disposant d'un tempérament, d'une expérience et de fonctions différentes.

Cette coopération exige, en outre, des formes de communication précises entre les individus et donc, l'utilisation de plus de conventions ou d'accords identiques.

En considérant que chaque individu est un *Musulman* [c'est-à-dire une créature *observante* vis à vis de son Créateur], et de ce fait, un élément permanent de ce vaste projet qu'est l'Univers, chaque membre de l'Humanité se voit investi d'une fonction [ce pour quoi il existe ici et maintenant dans le monde] qu'il doit découvrir par le raisonnement à la lumière de la Science et en se servant d'un outil réflexif, le Coran [*Qour'ān*].

Pour cela, l'homme doit s'éveiller à la conscience qu'*al-Yāwm al-Qiyāma* [« *le Jour du Jugement/Résurrection* »] est une certitude ! Cette prise de conscience l'amène à remplir au mieux sa fonction et à trouver sa place en tant que *créature musulmane* au sein de la Création.

« *Et avertis par ceci [Coran], ceux qui craignent d'être rassemblés devant leur Seigneur, qu'ils n'auront en dehors d'Allah ni allié, ni intercesseur. Peut-être deviendraient-ils pieux !* » (*Coran, 6-51*)

I - Qu'est-ce que l'Islam ?

« Ô gens ! Certes une preuve évidente [Coran] vous est venue de la part de votre Seigneur. Et Nous avons fait descendre vers vous une lumière éclatante. » (Coran, 4-174)

L'Islam, d'un point de vue anthropologique, archéologique et historique reste la forme originelle de la croyance et de la pratique religieuse humaine.

« Nous dîmes : « Descendez de cette endroit [Jānna - « Paradis »], vous tous [Iblīs, Hādām et son épouse] ! Toutes les fois qu'une guidée [Message, Révélation] vous [Hādām, son épouse, leur descendance : l'humanité] viendra de Ma part, ceux [des humains] qui suivront Ma guidée n'auront rien à craindre et ne seront point affligés ». » (Coran, 2-38)

« Dirige tout ton être vers le Dīne [croyance ou pratique religieuse - Islam] exclusivement [pour Allah] : telle est la nature qu'Allah [FitratouAllah ou Dīne Allah] a originellement donnée aux humains [pas de changement à la création d'Allah]. Voilà, le Dīne de droiture [Islam] ; mais la plupart des gens ne savent pas. » (Coran, 30-30)

« Et Nous n'avons envoyé de Raçoūl [Messager, Envoyé] qu'avec la langue de son peuple, afin qu'il les éclaire… » (Coran, 14-4)

L'*Islam*[2] est une sorte de *protocole* de l'adoration divine, c'est à dire un ensemble des formes à observer dans la vie en société, une façon intelligente de conduire son existence, une manière qu'a l'homme, en tant qu'individu, de concevoir son humanité [essence de l'être] et d'établir son existence en tant qu'être humain. De ce fait, au niveau social, l'Islam incarne La *Cité de l'Homme*, La *Civilisation monothéiste*.

« *Dirige tout ton être vers le Dīne [croyance ou pratique religieuse- Islam] exclusivement [pour Allah] : telle est la nature qu'Allah [FitratouAllah ou Dīne Allah] a originellement donnée aux hommes [pas de changement à la directive d'Allah]. Voilà, le Dīne de droiture [Islam] ; mais la plupart des gens ne savent pas.* » (Coran, 30-30)

Ainsi entendu, l'Islam ne se fige pas dans un rituel *ritualisant*, une cérémonie *cérémonialisante* ou une dimension spatio-temporelle restreinte. Il régit la vie de l'homme dans tous ses actes, à tout moment, en tous lieux et il n'existe dans sa conception aucune limite d'action, de temps ou d'espace. La *déité* y est, avec constance, pensée au niveau transcendant et personnel le plus élevé.

Le fait d'étudier les religions autres que la croyance monothéiste de l'Islam exige d'abord de noter leur degré de correspondance avec le concept que nous avons de la croyance, puis d'employer de nouvelles manières de les définir lorsqu'aucune correspondance avec celui-ci n'est trouvée.

---

[2] Ce terme doit être compris ici dans son sens premier d'obéissance et d'adoration à Dieu, et non au sens strict de religion révélée.
[3] SMITH & G. ELLIOT, « Human History »
[4] WOOLLEY & C. LEONARD, « Les Sumériens »
[5] E. PITTARD, « Les Races et l'Histoire »
[6] J. LUBBOCK, « The Origin of Civilization »

Ce concept n'explore pas l'accord ou le désaccord doctrinal [sur les idées de Dieu ou de conduite morale, par exemple] mais cherche à analyser si les institutions ou systèmes que l'on a dénommés religions ont la même fonction, dans différents contextes culturels.

Quant à la définition et à l'étude de l'Islam, elles coïncident jusqu'à présent avec l'expansion politique et économique de l'Europe occidentale. De fait, la majorité des travaux relatifs à l'Islam est d'ordre comparatif et n'est généralement établie qu'en s'efforçant de trouver des similitudes avec les croyances étrangères ou leur hiérarchisation.

Mais elle s'établit aussi, malheureusement et par la même occasion, en cherchant les moyens de prouver sa caducité face à ces dernières. C'est une action, une manière de considérer, d'examiner l'Islam, de se le représenter, de le juger d'un point de vue polémique.

II - Les sociétés préislamiques

« *Nous avons envoyé dans chaque Oūmā [communauté] un Raçoūl [Messager] [pour leur dire] : « Adorez Allah et écartez-vous du Taghoūt [Rebelle, Idole, faux dieu, tyran, despote]. Alors Allah en guida certains, mais il y en eut qui furent destinés à l'égarement. Parcourez donc la terre, et regardez quelle fut la fin de ceux qui traitaient [Nos Roūçoūl : Messagers] de menteurs.* » (Coran, 16-36)

Les historiens et les spécialistes de l'Islam [*islamologue, orientaliste, arabisant*] se plaisent à décrire l'Arabie préislamique comme une région particulièrement inhumaine, un territoire sans société, par rapport aux autres contrées à sa frontière qui auraient possédé la « *Civilisation* », la Science, la Morale, la Spiritualité, etc.

Ainsi, on enseigne, par exemple, que l'Égypte, Rome ou la Grèce vivent dans un état civilisationnel où règnent une certaine humanité, d'intéressants rapports de voisinage, d'authentiques échanges socioculturels et économiques.

Tout comme l'Arabie, les sociétés antiques sont logées à la même enseigne : celle de la mécréance, de la tyrannie, de *l'inhumanité*, des conflits, de l'esclavage, des perversions, etc. Bref du *Désordre*.

A - Un peu d'histoire

1 - L'Arabie

Jusqu'à une époque assez récente, la connaissance de l'Arabie se limitait aux écrits des premiers géographes musulmans et aux récits souvent farfelus de quelques anciens grecs et romains. Mais, la majeure partie de ces informations n'est pas crédible. Aucune recherche archéologique n'a jamais été effectuée dans ce pays. Les migrations depuis la péninsule arabique vers les régions avoisinantes sont les premiers faits connus de l'histoire de l'Arabie[3]. Des millénaires av. J.C., des groupes de populations quittent cette région et émigrent à travers le monde. Certains sont dans les vallées du Tigre et de l'Euphrate en Mésopotamie. Ces peuples sont actuellement connus sous le nom d'Assyro-Babyloniens.

Un autre groupe de *Sémites*[4] quitte l'Arabie vers quelques millénaires av. J.C. et s'installe le long du rivage oriental de la Méditerranée[5]. Certains de ces immigrants deviennent les Amorites et les Cananéens des époques ultérieures.

a - Les anciens royaumes

Les régions plus élevées et mieux irriguées de l'extrémité Sud-Ouest de la péninsule sont occupées à une époque reculée par trois royaumes. Le premier, le *royaume minéen*[6], se

---

[3] SMITH & G. ELLIOT, « Human History »
[4] WOOLLEY & C. LEONARD, « Les Sumériens »
[5] E. PITTARD, « Les Races et l'Histoire »
[6] J. LUBBOCK, « The Origin of Civilization »

situe dans les régions intérieures du Yémen actuel, mais il occupe probablement presque tout le Sud de l'Arabie.

On trouve ensuite le *royaume des Sabéens*[7] qui a été fondé, selon les historiens, vers 930 av. J.C. et dure jusqu'environ 115 av. J.C. La capitale et la principale ville du royaume était *Marib* qui, sans doute, eu un rayonnement supérieur à celui de toutes les autres villes de l'ancienne Arabie par sa position stratégique. Celle-ci est due au barrage fournissant de l'eau et le contrôle des routes des caravanes reliant les ports de la Méditerranée à la région productrice d'encens de *Hadramaout*. Les *Himyarites* supplantent les Sabéens dans le sud de l'Arabie. Le royaume de Himyar dure environ de 115 av. J.C. jusque vers 525 apr. J.C.

b - Des Nabatéens aux Perses.

Plusieurs Etats ont existé au nord de l'Arabie au Ier siècle apr. J.C. et dans la période qui précède. Le *Royaume des Nabatéens* s'étendit vers le Nord jusqu'à Damas, pendant une brève période [de 9 av. J.C. jusqu'à 40 apr. J.C.]. Ceci est attesté par les ruines de Pétra, la capitale des Nabatéens, situées dans le Sud-Ouest de la Jordanie actuelle.

Au IIIe siècle, les Abyssins du royaume d'Aksoum dans l'Éthiopie actuelle [*Abyssinie*], qui se sont convertis au Christianisme de type *monophysite*[8] se répandent en Arabie dans la région du sud-ouest.

---

[7] L. FEBVRE, « La Terre et l'Évolution humaine »
[8] *Monophysite*. Qui se rapporte au *monophysisme*, doctrine chrétienne qui ne reconnaît au Christ qu'une seule nature.

Le Judaïsme est également introduit dans la région. Ces deux religions ne réussissent jamais à s'implanter et à remplacer les croyances de l'époque, qui s'appuient sur le polythéisme et principalement sur l'*astrologie* et l'*occultisme*. Au cours du siècle suivant, la Perse occupe, sous le règne des *Assanides*, une partie de l'Arabie et en particulier la région actuelle du Yémen.

2 - Au voisinage de l'Arabie[9]

a - L'Égypte.

Les périodes les plus reculées de la société égyptienne[10] demeurent mal connues et le resteront probablement. L'information reste lacunaire. Elle est essentiellement fondée sur les inscriptions en hiéroglyphes gravées sur les monuments. Les déserts égyptiens furent, quant à eux, le lieu de naissance du *monachisme*[11] chrétien. Alexandrie fut aussi le berceau de l'*Arianisme*[12].

b - La Perse.

Le fils et successeur du souverain, Khosro Ier Anocharvan remporta les guerres contre l'empereur byzantin Justinien Ier

---

[9] Quelques indications sur les contrées voisines de l'Arabie à la période de l'avènement de l'Islam [VIe siècle].
[10] A. ERMAN, « Life in Ancient Egypt »
[11] *Monachisme*. Etat de moine, vie monastique.
[12] *Arianisme*. Doctrine d'Arius qui enseignait que, dans la Trinité, le Fils n'est pas égal au Père, qu'il n'est pas de même nature et ne participe pas de son éternité. La divinité du Christ n'était donc que secondaire et subordonnée.

et étendit son pouvoir jusqu'à la mer Noire et au Caucase, devenant ainsi le plus puissant de tous les rois sassanides. Puis, il rétablit le *zoroastrisme*[13] comme religion d'Etat.

c - La Mésopotamie.

La *Mésopotamie*[14] dominée par les Perses fut divisée entre les satrapes[15] de Babylone et d'Assur[16]. Des conflits éclatèrent dans les régions du Nord-Ouest avec la province romaine de Syrie qui est annexée plus tard à l'Empire byzantin [395].

d - La Chine.

Au cours de la seconde moitié du Ve siècle, la dynastie des Wei[17] du Nord adopta une politique de sinisation. Les chefs des tribus excédés par cette dernière se rebellèrent, ce qui provoqua la chute de la dynastie en 534. De 534 à 581, le nord de la Chine fut de nouveau aux mains de dynasties non chinoises.

e - L'Inde.

L'empire, sous le règne de Chandragupta II qui domina toute la partie nord de l'Inde, s'effondra vers 550. Le Nord de l'Inde passa par la suite sous la domination d'un puissant

---

[13] *Zoroastrisme*. Doctrine de Zoroastre, sorte de dualisme fondamental entre le bien et le mal [Mazdà-Ahriman] où l'homme a le rôle important de faire pencher la balance du côté du bien en menant une vie vertueuse.
[14] G. ELLIOT, « Human History »
[15] L. DELAPORTE, « La Mésopotamie et Civilisation chaldéo-assyrienne »
[16] G. CONTENAU, « La Civilisation d'Assur et de Babylone »
[17] J. NEEDHAM, « Science and Civilization in China »

royaume fondé en 606 par Harsa, dernier grand monarque bouddhiste de l'histoire indienne.

f - Byzance.

Constantin le Grand en 326 reconstruit la ville pour en faire la nouvelle capitale de l'Empire : Constantinople [330]. Seule capitale de l'Empire byzantin de 395 à sa chute en 1453 et à sa conquête par les Ottomans.

g - La Grèce.

L'histoire de l'Empire byzantin se confond avec celle de la Grèce et de la région égéenne. Bien avant le VIe siècle, la Grèce est un territoire obscur, sans intérêt, laissé à l'abandon.

h - Rome.

Les Ostrogoths, puis l'occupation byzantine destructrice [VIe siècle] précipitent la chute de la ville et la diminution de sa population. A cette période, le siège de la papauté s'établit à Rome qui devient une simple bourgade.

i - L'Europe des barbares.

Les Wisigoths [455 et 476] dominent toute la Méditerranée occidentale, de l'Espagne à l'Italie, malgré la résistance du pape Léon Ier le Grand. Les Barbares entraînent la disparition de l'Empire romain d'Occident. La dislocation de ce dernier laisse derrière lui des armées de moines, chargées de christianiser par des méthodes peu *orthodoxes* les populations ignorantes et désemparées.

II - Les croyances de l'Humanité avant l'avènement de l'Islam

« *Nous avons effectivement envoyé Nos Roūçoūl [Messagers] avec des preuves évidentes et [Nous avons] fait descendre avec eux le Livre et la balance, afin que les gens établissent la justice...* » *(Coran, 57-25)*

« *Et ils ont donné à Allah des égaux afin d'égarer [les gens, les humains] de Son sentier...* » *(Coran, 14-30)*

A - *L'Homme au bord de l'abîme*

« *Les pires des bêtes auprès d'Allah, sont [en vérité], les sourds-muets qui ne raisonnent pas* » *(Coran, 8-22)*

Pendant des siècles l'Humanité fut plongée dans un univers moral chaotique, une ruine spirituelle et une déliquescence sociale. La conviction qui établit la croyance en un Dieu unique, réel, omniscient, omniprésent et distinct du monde qu'Il a créé est inconnue dans les sociétés humaines de l'Antiquité jusqu'au Moyen-Âge [VIe siècle].

« *Et quiconque invoque avec Allah une autre divinité, sans avoir la preuve évidente [de son existence], aura à en rendre compte à son Seigneur. En vérité, les Kāfirōūn [les mécréants, polythéistes] ne réussiront pas. » (Coran, 23-117)*

Le système de croyances et de pratiques fondé sur la relation à un Être suprême, à un ou plusieurs dieux, à des choses sacrées ou à l'Univers, est établi sous le vocable de *religion*.

La conscience religieuse traditionnelle [*Tradition des Ancêtres*] celle de l'animisme, du polythéisme, de l'idolâtrie, du chamanisme [*shamanisme*], etc., a comme principale caractéristique l'absence de toute frontière nette entre le monde spirituel et le monde naturel, et ainsi, entre l'esprit humain et son environnement[18].

De ce fait, les formes de théisme telles que le *polythéisme*[19], le *panthéisme*[20] ou encore le *panenthéisme*[21] font de ce type de foi une idée philosophique plutôt qu'une croyance religieuse. Les rituels des sociétés humaines assurent un rôle déterminant dans les *cultures traditionnelles*, sans être distincts de la vie quotidienne. Ils représentent une tentative d'influencer ou de s'harmoniser avec le déroulement de la nature, par

---

[18] L. LEVY-BRHUL, « La Morale et la Science des mœurs » - « La Mentalité primitive » - « Le Surnaturel et le Naturel dans la mentalité primitive ».

[19] *Polythéisme*. Doctrine religieuse admettant plusieurs dieux.

[20] *Panthéisme*. Doctrine religieuse selon laquelle Dieu se confond avec la nature. C'est la divinisation de la nature.

[21] *Panenthéisme*. Croyance qui insiste sur le mystère de la vie et les forces cosmiques qui agissent dans la nature et dans l'homme. Ainsi, tout est en Dieu, toute créature est une image ou une manifestation de Dieu, acteur divin qui joue simultanément les innombrables rôles des hommes, des animaux, des plantes, des étoiles et des forces naturelles.
M. ELIADE, « Traité d'histoire des religions »

l'explication dramatisée ou symbolique des événements essentiels tels : le lever du jour et du soleil, le changement de saison, les phases de variation de la lune, la plantation et la récolte annuelle des cultures, etc.

Les grands thèmes mythiques se décrivent comme une forme d'art, exprimant et célébrant la collaboration de l'Humanité aux affaires de l'Univers et des dieux. La naissance et la mort représentent aussi un moment de prédilection avec lequel le symbolisme est en liaison.

« …Dis : « *Allah est le Créateur de toute chose, et c'est Lui l'Unique, le Dominateur suprême* » (Coran, 13-16)

Les objets, la faune, la flore, les minéraux, les éléments naturels, l'homme lui-même indiquent le pouvoir, la force psychique, les expériences communautaires qui s'identifient avec le divin.

Selon ces cultures, l'esprit est une réalité plus sentimentale qu'idéologique et le langage le plus adapté pour lui n'est pas constitué de concepts mais d'images et de symboles. De ce fait, on découvre à la place de la doctrine religieuse divers mythes ou un ensemble invraisemblable d'histoires transmises de génération en génération et ces contes expliquent la signification du monde : la *cosmogonie*[22].

Ces religions décrivent les mythes, les dieux et les héros mythiques qui personnifient les corps célestes, les éléments et les prétendus esprits des cultures et des pâturages[23].

---

[22] *Cosmogonie*. Ensemble des mythes décrivant la naissance de l'Univers.
[23] C. G. Jung, « Psychologie de l'Inconscient »

Ainsi, lorsqu'une cérémonie est supposée assister le lever du soleil, l'image du rite offre aux membres de la tribu l'impression de participer de façon primordiale à la marche de l'Univers.

Dans les diverses cultures du monde entier, les religions se fondent sur ces thèmes mythologiques. Ils sont autant de processus qui façonnent le développement mental et spirituel des individus.

C'est pourquoi les représentations mythologiques et magiques dans le rituel sont une forme de connaissance pour se diriger dans la vie. Pourtant :

« *Dis* [Raçoūl Moūhammad] *: « Que pensez-vous de ce que vous invoquez en dehors d'Allah ? Montrez-moi donc ce qu'ils ont créé de la terre ? Ou ont-ils dans les cieux une participation avec Dieu ? Apportez-moi un Livre antérieur à celui-ci* [Coran] *ou même un vestige d'une science, si vous êtes véridiques. » (Coran, 46-4)*

III - La Révélation de l'Islam

A - Le précepte coranique

Le *Coran* [*Qour'ān*] se compose de 6236 versets répartis dans 114 sourates. Le contenu de l'enseignement coranique fait d'abord songer au fond religieux monothéiste le plus simple mais aussi le plus essentiel de l'Humanité. Il s'agit de l'Unité d'Allah, de Sa bonté, de Sa protection, de Ses châtiments.

Mais également, de la responsabilité des humains, qui seront jugés *al-Yāwm al-Qiyāma* [« *le Jour du Jugement/Résurrection* »], de la sanction de leurs actes durant leur vie éternelle, avec *al-Jānna* [« *le Paradis* »] pour les uns et *al-Jahānāmā* [« *l'Enfer* »] pour les autres. Les droits des indigents, des étrangers, des orphelins, des individus composant le corps social [homme, femme, enfant, personne âgée] sont formellement soulignés.

Les fidèles sont exhortés à s'acquitter des obligations religieuses [office de la *Çalāt* -« *Prière* »-, pratique du *Çyam* - « *Jeûne du mois de Ramadan* »-, purification par la *Zakāt* - « *taxe purificatrice légale* »-, s'honorer si possible du *Hājj* - pèlerinage à la Mecque-], à être patients et à espérer en la Magnanimité d'Allah.

« Et voici un Livre [Coran] béni que Nous avons fait descendre, suivez-le donc et soyez pieux [en obéissant aux ordres d'Allah], afin de recevoir tourhamoūn [miséricorde] [et d'être sauvés du Châtiment] » (Coran, 6-155)

L'avènement de l'Islam et la lumière de sa Révélation établissent, pour la première fois dans l'Histoire, la *conception réelle de l'Univers*, ainsi que la place qu'occupe l'Homme dans celui-ci.

Le Message à la lumière de la raison et du bon sens illumine moralement, spirituellement et scientifiquement l'être humain en détruisant la mythologie, la superstition, l'ignorance et les fausses croyances qui le cernent et qui régissent le monde.

« Et dis : « La vérité [l'Islam] est venue, et l'erreur [le polythéisme, l'obscurantisme] a disparu. Car l'erreur est destinée à disparaître. » » (Coran, 17-81)

« Ne méditent-ils pas sur le Coran ? S'il provenait d'un autre qu'Allah, ils y trouveraient certes maintes contradictions ! » (Coran, 4-82)

Le Coran est un outil réflexif, dès lors, cette croyance selon un mode de vie d'un genre nouveau et unique qui se caractérise comme une certitude, conforme à la logique que la pensée découvre. Elle lui fait connaître par l'intelligence que l'origine du monde est la résultante d'un *Être Supérieur* qui se précise dans l'unique monothéisme immuable : *l'Islam*.

« *Ainsi avons-Nous montré à Ibrāhiym[24] le royaume des cieux et de la terre, afin qu'il fût de ceux qui croient avec conviction...* » *(Coran, 6-75)*

« *Et quiconque désire une religion autre que l'Islam, ne sera point agréé, et il sera al-Yāwm al-Lākhīrā* [le Jour Dernier], *parmi les perdants.* » *(Coran, 3-85)*

B - Les trois créatures douées d'intelligence

Avant l'avènement de l'Islam, l'homme ignorait tout [à part quelques indications données aux Messagers antérieurs qui tombèrent très vite dans l'oubli] de l'Univers du *Ghaīyb*[25] [*Invisible*].

C'est ainsi que le *Malāk* [« *Ange* », plur. *Malāyka*], le *Jinn* [il n'existe aucun équivalent, si ce n'est l'abracadabrant « *Génie* » dans la culture féerique orientale] font partie du *Ghaīyb*.

Allah nous renseigne partiellement sur ces deux premières entités, mais insiste particulièrement sur l'Homme. A contrario, toutes les sociétés [avant l'avènement de l'Islam] ont fondé leurs croyances sur le pouvoir bénéfique ou maléfique du monde des esprits, des démons et des êtres angéliques [« *Anges déchus* », par exemple, « *Lucifer* », « *Satan* »] ou diaboliques.

---

[24] Il est bon de suivre le raisonnement qu'effectue *Ibrāhiym* dans les versets 75 à 83 de la sourate 6 [*Al-An`am*]
[25] NAS E. BOUTAMMINA, « Le Jinn, créature de l'invisible », Edit. BoD, Paris [France], janvier 2011.

Ces créatures caractérisent d'innombrables mythes, légendes ou superstitions ainsi que des croyances fabuleuses et extravagantes qui sont les fondements culturels des sociétés.

1 - Le Malak

Le *Malāk* [pl. *Malāyka*] est une entité créée de « *Lumière* » qui n'est ni d'origine solaire, ni stellaire. Elle est intelligente, douée d'une puissance et d'une célérité indescriptible. Néanmoins, le Malāk est dépourvu du libre-arbitre qui est l'attribut du Jinn et de l'Homme. En outre, il a d'innombrables fonctions.

Citons par exemple le *Malāk Jībrīyl* qui est le Messager céleste et le *Roūh* [relatif au *Principe Vital, à la Vie*] qui insuffle la Vie. Il a eu la charge de délivrer le Message de l'Islam au Raçoūl Moūhammad.

« *Dis : Quiconque est hostile à Jībrīyl [doit connaître] que c'est lui qui, avec la permission d'Allah, a fait descendre graduellement sur ton cœur cette révélation qui confirme ce qui l'a précédée et qui sert aux croyants de guide et d'heureuse annonce…* » *(Coran, 2-97)*

Les *Malāyka* qui consignent tout fait et geste de l'homme : les *scribes*.

« *…quand les deux recueillants [Malāyka], assis à droite et à gauche, recueillent* » *(Coran, 50-17)*

« *Il [l'homme] ne prononce pas une parole sans avoir auprès de lui un observateur [Malāk] prêt à l'inscrire.* » *(Coran, 50-18)*

Les *Malāyka* chargés de la protection de l'homme :

« *Il* [*l'homme*] *a par-devant lui et derrière lui des Malāyka qui se relaient et qui veillent sur lui par ordre d'Allah…* » *(Coran, 13-11)*

Le *Malak al-Māwt* [*Malak de la mort*] qui est chargé de saisir et d'emporter le *Nāfs* [« *Âme* »].

« *Dis : Malak al-Māwt* [*Malak de la mort*] *qui est chargé de vous, vous fera mourir. Ensuite, vous serez ramenés vers Votre Seigneur.* » *(Coran, 32-11)*

2 - Le Jinn[26]

Il s'agit d'une autre créature intelligente, sensible et possédant une faculté cognitive sans mesure. De plus, elle est aussi dotée d'une force et d'une célérité ahurissante.

« *Et quant au Jinn, Nous l'avions auparavant créé d'un feu d'une chaleur ardente* » *(Coran, 15-27)*

« *et Il a créé les Jinn de la flamme d'un feu sans fumée* » *(Coran, 55-15)*

Le *Jinn*[27] tout comme l'homme, possède un *Nāfs* [« *Âme* »] et de ce fait, il sera jugé *al-Yāwm al-Qiyāma* [« *le Jour du Jugement/Résurrection* »]. Comme le souligne le verset

---

[26] *Ibid.*
[27] *Jinn.* Nom masculin singulier. Ainsi, il est invariable en genre et en nombre.

suivant, il existe parmi les Jinn des *Musulmans* et des *Shayātīn* [sing. *Shaytān*].

L'expression *Shaytān* signifie : « *Semeur de [ou celui qui sème le] désordre*[28] *sur Terre* ».

« *Il y a parmi nous [Jinn] les Musulmans et il y a les Qāsitoūn [injustes qui ont dévié de l'ordre divin]. Et ceux qui se sont converti à l'Islam sont ceux qui ont cherché la droiture.* » *(Coran, 72-14)*

Le récit le plus notoire du Jinn reste celui d'*Iblīs*. Allah narre quelques épisodes de cette extraordinaire et terrible entité[29].

3 - L'Homme - Son origine

« *L'homme ne se rappelle-t-il pas qu'avant cela, c'est Nous qui l'avons créé alors qu'il n'était rien ?* » *(Coran, 19-67)*

« *Il a créé les cieux et la terre en toute vérité et vous a donné votre forme et quelle belle forme Il vous a donnée. Et vers Lui est le devenir.* » *(Coran, 64-3)*

Par l'entremise du Coran, l'Islam introduit d'emblée dans l'ordre scientifique la question de l'*Homme*[30] et de son

---

[28] Par l'expression « *désordre* », on entend tout ce qui est négatif, dégradant, perverti, destructeur, vile, etc. Absence, rupture ou mépris d'une règle morale, manquement aux finalités de la vie morale et sociale. Bouleversement profond, corruption, rupture de l'ordre naturel dans l'environnement [nature -faune, flore-, etc.], dans un groupe social, la communauté humaine, etc.

[29] « CORAN, 2-34 à 38 »

apparition sur Terre. Allah nous apprend qu'Il veut être bienveillant envers sa créature car elle est si faible !

« Allah veut vous alléger [les devoirs, épreuves existentielles] car l'homme a été créé faible » (Coran, 4-28)

Aussi, l'Islam présente l'homme selon une disposition inédit, qui met un terme définitif à son origine mythique, légendaire, superstitieuse. Cette conception qui a prévalue jusqu'à l'avènement de l'Islam définit et établit l'irrationalité et l'absurdité des cultures de toutes les sociétés quant à la connaissance de l'Univers, l'apparition de la Vie [éléments naturels, faune, flore, etc.] en général et de l'Homme en particulier.

« C'est Lui qui vous donne forme dans les matrices, comme Il veut lā ilāhā illā hoūwā [pas de divinité digne d'adoration à part Lui], le Tout Puissant, le Sage. » (Coran, 3-6)

« Il [Allah] a créé l'Homme » (Coran, 55-3)

« Il [Allah] lui [Hādām] a appris à s'exprimer clairement » (Coran, 55-4)

« …qui t'a [homme] créé, puis modelé et constitué harmonieusement ? » (Coran, 82-7)

L'Islam, au service de l'Humanité, permit l'émergence de la culture scientifique, stimulée par son approche rationnelle,

---

[30] Nas E. Boutammina, « L'Homme, qui est-il et d'où vient-il ? - Volume II », Edit. BoD, Paris [France], octobre 2010.

logique, *méthodologique* [observation, expérimentation] et *représentative* [modélisation[31]].

Avec son extension épistémologique à toutes les disciplines du savoir, l'esprit scientifique est né. A partir de là, la connaissance de l'Homme se manifeste aujourd'hui à travers l'essor de nombreuses disciplines scientifiques [*Sciences humaines, Astronomie, Mathématiques, Médecine, Biologie, Physique, Chimie, Economie, Droit,* etc.]. Cela tient à l'*Islam* qui par l'entremise de son support, le *Coran*[32] qui a notamment pour vocation de guider l'Homme, de lui éviter les erreurs les plus manifestes [intellectuelles, spirituelles, etc.] ; par conséquent, de le sortir des ténèbres de l'*ignorance*, de l'*animalité* et de la *servilité* vers la lumière du *savoir*, de la *certitude* et de la *liberté*.

« *Par ceci [Coran], Allah guide aux chemins du salut ceux qui cherchent Son agrément. Et Il les fait sortir des ténèbres à la lumière par Sa grâce. Et Il les guide vers un chemin droit [le monothéisme de l'Islam].* » *(Coran, 5-16)*

En conséquence, l'Islam affranchit l'Homme de la servitude, de l'erreur, de l'absurde, de l'irrationnel et lui fait prendre conscience qu'il ne doit avoir foi qu'en Allah. Que l'Homme ne doit pas courber l'échine devant les tyrans, aussi puissants soient-ils, ni vénérer les forces de la nature mais les dompter.

---

[31] *Modélisation.* Élaboration de modèle, représentation d'un phénomène à l'aide d'un système qui possède des propriétés analogues à ce phénomène.
[32] NAS E. BOUTAMMINA, « Les contes des mille et un mythes - Volume II », Edit. BoD, Paris [France], novembre 2011.

« Et dis la vérité [Islam] est venue et l'erreur [les fausses croyances, l'obscurantisme] a disparu car l'erreur est destinée à disparaître. » (Coran, 17-81)

De plus, l'Islam révèle méthodiquement que la Vie et l'Homme ne sont pas le fruit du *hasard*. Que ce dernier n'a jamais évolué à partir d'un organisme primitif [*Cyanobactérie*[33] *filamenteuse*] qu'il n'a aucune origine *simienne*[34], et qu'il n'a subi aucune *hominisation*[35] à partir de quelque *pongidae*[36] [ou *Pongidés*].

« Il t'a façonné dans la forme qu'Il a voulue » (Coran, 82-8)

« Nous avons certes créé l'homme dans la forme la plus parfaite » (Coran, 95-4)

« Il vous a [tous] créés d'une personne unique [Hādām] et a tiré d'elle son épouse… » (Coran, 39-6)

L'Islam établit la réalité humaine dans sa relation au monde et au divin et fait apparaître d'emblée son objectif et sa finalité :

« Comment pouvez-vous renier Allah, considérant qu'Il vous a donné la vie alors que vous étiez inexistants ? Puis Il vous fera

---

[33] *Cyanobactérie.* En botanique, élément d'une classe d'algues procaryotes de couleur cyan.

[34] NAS E. BOUTAMMINA, « L'Homme, qui est-il et d'où vient-il ? - Volume II », Edit. BoD, Paris [France], octobre 2010.

[35] *Hominisation.* En anthropologie, évolution qui a abouti à l'homme actuel.

[36] *Pongidae.* En zoologie, élément d'une famille de grands singes arboricoles comme le chimpanzé, le gorille, l'orang-outang.

mourir ; puis Il vous fera revivre [al-Yāwm al-Lākhīrā -le Jour Dernier-] et enfin c'est à Lui que vous retournerez » *(Coran, 2-28)*

« *Tout Nāfs* [« *Âme* »] *goûtera la mort. Mais c'est seulement al-Yāwm al-Qiyāma* [« *le Jour du Jugement/Résurrection* »] *que vous recevrez votre entière rétribution….* » *(Coran, 3-185)*

« *Quand ton Seigneur dit aux Malāyka :* « *Je vais créer* « *d'argile* » *un être humain.* » *(Coran, 38-71)*

« *Quand Je l'aurai bien formé et lui aurai insufflé de Mon Roūh* [*relatif au Principe Vital, à la Vie*]*….* » *(Coran, 38-72)*

La création de l'Homme fait suite à une réflexion puis à un projet inhérent à son existence. L'Islam encourage à le rechercher et à le trouver au prix d'importants efforts intellectuels avec, au préalable, un certain équilibre entre la connaissance scientifique et la perception métaphysique. Ainsi, l'homme sera en harmonie avec l'universalité de la raison, don d'Allah !

« *Ne l'avons-Nous* [*l'homme*] *pas guidé aux deux voies…* » *(Coran, 90-10)*

C - Unicité d'Allah - Tāwhid [Unicité divine] - Unique monothéisme

« *Dis* [*ô Moūhammad, à ces polythéistes qui t'interrogent sur ton Seigneur, Allah*] *:* « *Il est Allah, l'Unique.* » *(Coran, 112-1)*

« *Allah, Le Seul à être imploré* [*pour ce que nous désirons*]. » (*Coran, 112-2*)

« *Il n'a jamais engendré et Il n'a pas été engendré non plus.* » (*Coran, 112-3*)

« *Et nul n'est égal à Lui* » (*Coran, 112-4*)

Le *Tāwhid*[37] est l'épicentre de l'Islam, l'unique monothéisme. Celui-ci est la forme de conviction absolue selon laquelle il n'existe qu'un Dieu unique. Sans ambiguïté et au sens strict du terme, le *monothéisme* se définit non seulement comme la certitude en un Dieu unique, mais aussi comme négation explicite de toute autre divinité. D'où le credo monothéiste : *Lā īlāhā īllā hoūwā*.

Cette formulation signifie : « *Il n'existe aucune divinité digne d'adoration si ce n'est Allah* » !

« *Ceci* [*Coran*] *est un message pour les gens afin qu'ils soient avertis, qu'ils sachent qu'Il n'est qu'un Dieu Unique, et pour que les doués d'intelligence se rappellent.* » (*Coran, 14-52*)

En conséquence, l'Islam installe la croyance en un Dieu Unique, Vivant et Spirituel, distinct du monde qu'Il a créé. L'Islam se caractérise comme une foi et une conformité au modèle que la pensée découvre ou qui lui est rendu connaissable par l'intelligence à l'origine de l'Univers et de la Vie. L'Humanité partageant cette même foi se lie elle-même à cette règle comme mode de vie.

---

[37] Le *Tawhid* peut être considéré comme le pilier central ou unique car tout ce qui attrait à l'Islam repose sur lui.

Selon les déclarations du Coran, le monothéisme de l'Islam représente la forme de croyance initiale ou primaire et l'idée de révélation originelle.

« Ce Coran n'est nullement à être forgé en dehors d'Allah, mais c'est la confirmation de ce qui existait déjà avant lui, et l'exposé détaillé du Livre dans lequel il n'y a pas de doute, venu du Seigneur de Hālamīyn [Univers, Humain, Jinn et tout ce qui existe autre qu'Allah]. » (Coran, 10-37)

Dès l'origine, l'Homme avait besoin, pour assurer son équilibre [physique et psychique] de connaître la réalité incontournable d'Allah dont il dépend.

« Son Seigneur l'a [Hādām -« Adam »-] ensuite élu, a agréé son repentir et l'a guidé » (Coran, 20-122)

En effet, la conception de l'Islam peut être évaluée selon une histoire universelle rectiligne et uniforme. Tout en distinguant des étapes d'altérations et d'oublis. Le Coran précise que la Révélation d'Allah, tout comme l'Humanité, est linéaire.

« Nous dîmes : « Descendez de cette endroit [Jānna - « Paradis »], vous tous [Iblīs, Hādām et son épouse] ! Toutes les fois qu'une guidée [Révélation] vous [Hādām, son épouse, leur descendance : l'humanité] viendra de Ma part, ceux [des humains] qui suivront Ma guidée n'auront rien à craindre et ne seront point affligés ». » (Coran, 2-38)

« Mais ceux qui ne croient pas et traitent de mensonges Nos Āyāt [preuves scientifiques, évidences, Révélations, versets], tels sont

les compagnons du Nār [Feu] où ils demeureront éternellement » (Coran, 2-39)

« Nous avons effectivement envoyé Nos Messagers avec des preuves évidentes et [Nous avons] fait descendre avec eux le Livre et la balance, afin que les gens établissent la justice… » (Coran, 57-25)

La transcendance d'Allah, l'Unique, le Créateur de toute chose, sur l'Homme est dynamique et se situe non seulement au commencement, mais aussi à la fin de l'histoire de l'Humanité.

« Dirige tout ton être vers le Dīne [croyance ou pratique religieuse], exclusivement : telle est la nature qu'Allah [FitrātouAllah ou Dīne d'Allah] a originellement donnée aux humains - pas de changement à la création d'Allah -. Voilà, le Dīne de droiture ; mais la plupart des gens ne savent pas » (Coran, 30-30)

D - Quête de la Science [*savoir, connaissance*]

« Lis au nom de Ton Seigneur qui a créé [toute chose], » (Coran, 96-1)

« qui a créé l'homme d'une adhérence. » (Coran, 96-2)

« Lis ! Ton Seigneur est le très Noble, » (Coran, 96-3)

« qui a enseigné par le Qalam [la plume pour écrire] » (Coran, 96-4)

« a enseigné à l'homme ce qu'il ne savait pas. » (Coran, 96-5)

Ces versets de la sourate l'*Adhérence* qui fut la première à être révélée au Raçoūl Moūhammad sont un hymne à la Science [connaissance, savoir] et à sa quête. La lecture et l'écriture apparaissent ici dans toute leur splendeur. Quoi de plus symbolique pour la représentation que l'emploi des signes graphiques de la parole et de la pensée, par la plume ou *qalam* [*calame*].

Ce verset fait découvrir, sans aucun doute possible, qu'un enseignement complet a été octroyé à l'Homme dès sa création[38]. Cette connaissance primordiale donne un sens et une efficacité à la cognition de l'homme et le garantit contre la duperie et la fausseté. Si celles-ci s'installent dans le rapport religieux ou social, la connaissance établit alors une objectivité prudente qui, pour être effective, doit nécessairement passer par l'articulation d'un langage clair et riche. Le langage est un système de signes phoniques ou graphiques destiné à l'expression de la pensée et à la communication.

D'ailleurs, ceci démontre que l'Homme a été pourvu dès le départ d'un système nerveux au stade final et opérationnel de compréhension, d'apprentissage et de stockage des données.

« *Il a crée l'homme.* » *(Coran, 55-3)*

« *Il lui a appris à s'exprimer clairement.* » *(Coran, 55-4)*

Lorsqu'Il éduqua l'Homme [*Hādām*], Allah lui inculqua en même temps un système de valeurs qui s'avéra être la

---

[38] NAS E. BOUTAMMINA, « L'Homme, qui est-il et d'où vient-il ? - Volume II », Edit. BoD, Paris [France], octobre 2010.

première des règles d'une vie libre et harmonieuse. C'est pourquoi, les actes qui s'en dégagent sont édifiants pour son esprit et représentent l'occasion d'emprunter le chemin vers la *Vérité*. Dès lors, on peut parler de rapport de maître à disciple où apprendre équivaut, d'une certaine manière, à s'exercer à l'imitation du maître qui détient le savoir et dont le secret est la constance.

L'enseignement de l'homme est critique et tout positif sur le plan de la transmission d'un savoir, car ce rapport est d'abord vécu, comme l'est l'autonomie de tout individu doué d'intelligence en devenir ; tempérament dont la vertu éducative demeure pour l'essentiel dans l'exemplarité et la responsabilité.

« Et Il apprit à Hādām tous les noms [de toutes choses].... » (Coran, 2-31)

« Il dit : « Ô Hādām, informe-les de ces noms ». Puis quand celui-ci les eut informés de ces noms.... » (Coran, 2-33)

De la même manière qu'Allah a directement dispensé une éducation à l'Homme [*Hādām*], Il a déposé une vertu éducative éternelle au travers de la Révélation de l'Islam. Et l'Humanité s'éduque toujours à nouveau par son entremise.

La genèse des Sciences et sa résultante, la Connaissance réelle de l'Univers, apparaissent ainsi au IXe siècle de notre ère lorsque le message du Raçoūl Moūhammad a été compris par ses coreligionnaires. A la lumière des textes coraniques, la *Nature* et l'*Univers* livrent enfin leurs secrets[39].

La connaissance et l'étude sont primordiales pour la pratique de l'Islam. En effet, chaque individu est en quelque sorte un Ambassadeur d'Allah puisqu'il est censé délivrer Son Message par la parole et par son comportement. Or comment ferait-il s'il ignorait le contenu réel[40] de la Révélation qui lui est adressée ?

De plus, comment une foi effective en Allah, l'Être Suprême Créateur de toute chose, se développerait-elle si l'on était incapable de saisir le moindre élément de Sa vaste Création ? Et Sa Réalité ne peut être appréhendée qu'au travers de Sa Création majestueuse. Et c'est là qu'apparaît la Science !

E - Conception réelle de l'Univers

« *Alif, Lam, Ra. [Voici] un Livre [Coran] que Nous avons fait descendre sur toi [Moūhammad] afin que [par la permission de leur Seigneur] tu fasses sortir les gens des ténèbres vers la lumière sur la voie du Tout Puissant, du Digne de louange,* » *(Coran, 14-1)*

L'idée si commune aujourd'hui de la vérité et de la réalité d'un Univers objectif et structuré a été formulée pour la première fois par l'Islam, celui-ci n'omettant aucunement sa perspective métaphysique.

---

[39] NAS E. BOUTAMMINA, « Les contes des mille et un mythes - Volume II », Edit. BoD, Paris [France], novembre 2011.
[40] On ne parle pas ici de l'apprentissage par-cœur du Coran [pratiquée par les Traditionnistes] sans saisir la moindre donnée de son contenu.

« Allah est Celui qui a élevé [bien haut] les cieux sans piliers visibles. Il S'est établi [istāwa] sur le Trône et a soumis le soleil et la lune, chacun poursuivant sa course vers un terme fixé. Il règle l'ordre [de tout] et expose en détail les Āyāt [preuves scientifiques, évidences, Révélations, versets] afin que vous ayez la certitude de la rencontre de votre Seigneur. » (Coran, 13-2)

Allah n'a pas créé l'Univers pour se distraire ou sans finalité, et l'Univers est trop sérieux pour que nous puissions en négliger l'étude et sa compréhension.

« Ce n'est pas par jeu que Nous avons créé le ciel et la terre et ce qui est entre eux. » (Coran, 21-16)

« C'est pour une juste raison qu'Allah a créé les cieux et la terre. Voilà bien là une preuve pour les croyants. » (Coran, 29-44)

« Nous n'avons pas créé le ciel et la terre et ce qui existe entre eux en vain…. » (Coran, 38-27)

Ce qui est désigné dans les expressions : réalité, univers réel ou monde physique des phénomènes dans lequel vit l'Homme, peut sembler élémentaire, parce que familier sous certains de ses aspects. Pourtant, à une certaine époque, il n'en était rien et c'est lorsque le Message de l'Islam a été délivré et qu'il a conquis les *Musulmans* ; que beaucoup d'entre eux ont compris cette réalité car ils se sont affranchis du joug de l'irrationnel, du mythe, de la légende, de la superstition et de la magie.

Savants universels, ils ont alors érigé la *Science*[41]. Flambeaux qui éclairent le monde, la moindre de leur réflexion leur révélait un Univers immense, majestueux, complexe, ouvert et quantifiable car régit par des *Lois*. Leur objectif était de le saisir, certes non dans sa totalité et encore moins dans toute sa profondeur, [car il dépasse l'entendement humain], mais au moins pour en découvrir quelques bribes.

« Et dans les cieux et sur la terre, que de signes auprès desquels les gens passent, en s'en détournant ! » (Coran, 12-105)

Selon les propos du Coran, la *Réalité* est la *Vérité*. Or n'est-Il pas Lui-même la Vérité ?

« Il en est ainsi parce qu'Allah est la Vérité ; et c'est Lui qui rend la vie aux morts ; et c'est Lui qui est Omnipotent. » (Coran, 22-6)

Conscient de la complexité abyssale de la Création, l'investigation scientifique promulguée par l'Islam détruit à jamais le concept mythique et superstitieux de l'Univers pour en établir la conception réelle. Aussi, comme chaque stade de développement de la Science charrie son lot d'interrogations, l'homme restreint son ambition en devenant moins prétentieux et se limite à un domaine à la mesure de sa capacité [intellectuelle et technologique] d'exploration.

« Et c'est Lui qui commence la création puis la refait ; et cela Lui est plus facile. Il a la transcendance absolue dans les cieux et sur la terre, c'est Lui le Tout Puissant, le Sage. » (Coran, 30-27)

---

[41] NAS E. BOUTAMMINA, « Les contes des mille et un mythes - Volume II », Edit. BoD, Paris [France], novembre 2011.

« Et Il vous montre Ses Āyāt [preuves, évidences, Révélations, enseignement, versets…]. Quelles Āyāt d'Allah niez-vous donc ? » (Coran, 40-81)

Le dévoilement de l'Univers grâce à l'enseignement du Coran, a entraîné chez les savants musulmans une effervescence intellectuelle sans précédent qui, nous l'avons évoquée, les a ensuite conduit à créer une modélisation de l'Univers. Ces modèles ont pour but de rendre compte de la situation, de la rendre intelligible et ainsi d'être capable de prévision à son sujet. Les modèles aisément utilisables sont, par exemple, les modèles mathématiques.

Quoi qu'il en soit, grâce à l'Islam, la recherche scientifique a forgé des méthodes aux propriétés intrinsèques de cohérence et de commodité. En tant qu'outils, ils sont les points de départ d'axiomes et de déductions [d'où résultent de nouveaux], car une question résolue par la Science peut devenir une autre interrogation !

« Nous leur montrerons Nos signes dans l'univers et en eux-mêmes, jusqu'à ce qu'il devienne évident que c'est cela [le Coran], la vérité… » (Coran, 41-53)

La Science, selon l'Islam qui l'a conçue [et qui peut mieux parler d'une chose que celui qui l'a créé], sans référence à son origine métaphysique, est en cela néfaste. Voyez comme, actuellement, la Science sème beaucoup de désordre malgré une éthique des plus timides maintenue par les magnats politico-industriels[42].

---

[42] Un adage pourrait être exprimé : « *Science sans Islam, n'est que ruine de l'Âme* »

Au contraire, par sa collaboration avec l'Islam l'utilisation de la Science reste sage et mesurée. A noter que l'ensemble des savants universels musulmans étaient d'éminents théologiens et d'illustres scientifiques.

Il est nécessaire de préciser qu'aucun d'eux n'était un *Traditionniste*[43] [*Uléma*[44], *Mufti*[45], Imam, Cheikh, Saint] [*sic*] !

---

[43] *Traditionniste* ou *Traditionaliste*. Adepte et professionnel de la *Tradition* est un système de croyance fondé sur les « *Hadiths* » et la « *Sunna* ». Le *Traditionniste* se réfère à la Tradition plutôt qu'à l'explication scientifiques [ou rationnelle] des raisons de telle ou telle chose. Le *Traditionniste* voue une hostilité viscérale à la Science [expérimentale] et affirme une opposition profonde aux *savants*, c'est à dire aux scientifiques. Le Traditionniste est un antiscience.

[44] *Uléma* [ou *Ouléma*]. Personne exerçant le métier de *Haditheur* [de *Hadith*] ou *Tradition* et faisant autorité dans cette profession qu'il interprète.

[45] *Mufti* [ou *Muphti*]. Spécialiste et professionnel des textes de la *Tradition*.

IV - Genèse de la Science

A - *La Science découle d'une croyance ou religion*

De tout temps [*Préhistoire, Antiquité*] jusqu'à la fin du VIIe siècle, les sociétés humaines étaient spirituellement, intellectuellement, socialement, culturellement sous la soumission, la contrainte de religions mythologiques, superstitieuses, légendaires, magiques qui les contrôlaient par la terreur, le mensonge, la fausseté, l'irrationnel, l'ignorance et la violence.

Pour se débarrasser de ce type de croyances, il fallait une nouvelle croyance, révolutionnaire celle-là, beaucoup plus puissante car elle se fondait sur la vérité, la réalité, l'intelligence, le raisonnement, le rationnel, l'étude, en somme la *Science*. C'est au VIIe siècle qu'apparaît l'*Islam*.

De ce fait, l'Islam est étroitement uni à la Science qui lui a donnée naissance. Pour les Judéo-chrétiens dire que la religion est concordante avec la Science, cela relève du paradoxe. Dès lors, c'est une affirmation surprenante en son fond et en sa forme qui contredit les idées reçues, l'opinion courante, les préjugés concernant la religion. En effet, dans toute l'histoire du Judéo-christianisme, ce dernier s'est révélé comme déraisonnable, illogique, anti-scientifique !

1 - Le Coran outil réflexif

Le Coran [6236 versets - 114 sourates] n'est pas un manuel de physique ou de biologie, mais un outil de connaissances doté d'une richesse thématique aux propriétés réflexives adaptées à distinguer l'erreur de la vérité. Il permet de conduire l'objet de réflexion vers un travail authentique, scientifique, selon un but fixé : « *Être au service de l'Humanité* » objectif ultime de l'agrément divin.

De ce fait la Science est le garde-fou du Coran et le Coran est le garde-fou de la Science !

Pourquoi *Garde-fou* ? Parce que ces deux instruments [Science et Coran] conjointement utilisés entravent ou empêchent leur utilisateur [*Homme*] de verser dans l'erreur, dans la fausseté, dans le mensonge, l'imposture, la mystification, l'illusion, la destruction, la corruption, bref le *Désordre*.

Il est notoire que l'Islam sans la clairvoyance de la Science, entendons-nous de par son sens rationnel, logique, intelligent ne peut que conduire à un excès de zèle religieux, au fanatisme et au déchaînement sectaire. Ces conduites sont les prémices de l'ignorance, de l'obscurantisme, de l'immobilisme et donc du chaos global qu'il soit moral, social, culturel, civilisationnel dirons-nous.

A l'inverse, il est manifeste que la Science sans la circonspection de l'Islam, entendons-nous de par son sens spirituel [émotion, morale, etc.] *eschatologique*, de responsabilité [des actes] avec le divin qu'elle soit individuelle, collective ou étatique. Lorsque la Science est au service du despotisme financier, banquier et industriel, elle conduit inévitablement à un état de dérives et d'aberrations scientifiques. Celles-ci sont corollaires des destructions, des dégradations, des catastrophes, c'est à dire de *désordre* [environnemental -faune, flore, pollution, ressources naturelles, OGM, clonage- humain -gaspillage, aliénation, etc.].

B - *Hommage du Coran à la Science*

On ne trouve rien de semblable quant à ce type d'écrits, ni dans la *Torah*, ni dans la *Bible*, ni dans le *Rig-Véda*, ni dans aucun autre texte « *religieux* ».

Afin d'illustrer ce chapitre, il est intéressant d'ajouter quelques versets coraniques concernant cette marque de considération qu'a Allah envers, d'une part, l'homme de science ; d'autre part, à tout individu en quête de savoir. Enfin, Allah prête une attention bien particulière à l'homme qui se sert de sa *matière grise* [*méninges*].

1 - Eloge aux savants [*aux scientifiques*]

« *Telles sont les exposés que Nous citons aux gens ; cependant, seuls les savants* [*scientifiques*] *les comprennent.* » (*Coran 29-43*)

« *Et parmi Ses signes* [*lois scientifiques*] *la création des cieux et de la terre et la variété de vos idiomes* [*langues*] *et de vos couleurs. Il y a en cela des preuves pour les savants* [*scientifiques*]. » (*Coran 30-22*)

« Il y a pareillement des couleurs différentes, parmi les hommes, les animaux et les bestiaux. Parmi Ses serviteurs, seuls les savants [scientifiques] craignent Allah. Allah est, certes, Puissant et Pardonneur. » (Coran 35-28)

2 - Réflexion sur l'Univers [Astronomie]

« Et c'est Lui qui a créé la nuit et le jour, le soleil et la lune, chacun voguant dans une orbite. » (Coran 21-33)

« Et le soleil court vers une zone [espace] qui lui est assignée : telle est la détermination du Tout-Puissant, de l'Omniscient. » (Coran 36-38)

« Et la lune, Nous lui avons déterminé des phases jusqu'à ce qu'elle devienne comme la palme vieillie. » (Coran 36-39)

« Le soleil ne peut rattraper la lune, ni la nuit devancer le jour; et chacun vogue dans une orbite. » (Coran 36-40)

« Il a créé les cieux et la terre en toute vérité. Il enroule la nuit sur le jour et enroule le jour sur la nuit, et Il a assujetti le soleil et la lune à poursuivre chacun sa course pour un terme fixé…! » (Coran 39-5)

« Le soleil et la lune [évoluent] selon un calcul [minutieux] ; » (Coran 55-5)

3 - Réflexion générale sur l'intelligence, le raisonnement la quête de la Science

« En vérité, dans la création des cieux et de la terre et dans l'alternance de la nuit et du jour, il y a certes des signes [lois scientifiques] pour les doués d'intelligence, » (Coran 3-190)

« *Dans leurs récits il y a certes une leçon pour les gens doués d'intelligence. Ce [le Coran] n'est point là un récit fabriqué...* » (*Coran 12-111*)

« *Ceci [le Coran] est un message pour les gens afin qu'ils soient avertis, qu'ils sachent qu'Il n'est qu'un Dieu Unique et pour que les doués d'intelligence se rappellent.* » (*Coran 14-52*)

« *Cela ne leur a-t-il pas servi de direction, que Nous ayons fait périr avant eux tant de générations dans les demeures desquelles ils marchent maintenant ? Voilà bien là des leçons pour les doués d'intelligence !* » (*Coran 20-128*)

« *[Voici] un Livre béni que Nous avons fait descendre vers toi, afin qu'ils méditent sur ses versets et que les doués d'intelligence réfléchissent !* » (*Coran 38-29*)

« *Allah reçoit les Nâfs [Âmes] au moment de leur mort ainsi que celles qui ne meurent pas au cours de leur sommeil. Il retient celles à qui Il a décrété la mort, tandis qu'Il renvoie les autres jusqu'à un terme fixé. Il y a certainement là des preuves [lois scientifiques] pour des gens qui réfléchissent.* » (*Coran 39-42*)

« *... Dis : « Sont-ils égaux, ceux qui savent et ceux qui ne savent pas ? » Seuls les doués d'intelligence se rappellent.* » (*Coran 39-9*)

« *De même dans l'alternance de la nuit et du jour, et dans ce qu'Allah fait descendre du ciel, comme subsistance [pluie] par laquelle Il redonne la vie à la terre une fois morte ; et dans la distribution des vents, il y a des signes [lois scientifiques] pour des gens qui raisonnent.* » (*Coran 45-5*)

« *Et Il vous a assujetti tout ce qui est dans les cieux et sur la terre, le tout venant de Lui. Il y a là des signes [lois scientifiques] pour des gens qui réfléchissent.* » (Coran 45-13)

« *Et c'est Lui qui a étendu la terre et y a placé montagnes et fleuves. Et de chaque espèce de fruits Il y établit deux éléments de couple [le mâle et la femelle]. Il fait que la nuit couvre le jour. Voilà bien là des signes [lois scientifiques] pour des gens qui réfléchissent.* » (Coran 13-3)

« *Et sur la terre il y a des parcelles voisines les unes des autres, des jardins [plantés] de vignes, des céréales et des palmiers en touffes ou espacés, arrosés de la même eau ; cependant Nous rendons supérieurs les uns aux autres quant au goût. Voilà bien là des signes [lois scientifiques] pour des gens qui raisonnent.* » (Coran 13-4)

« *Celui qui sait que ce qui t'est révélé de la part de ton Seigneur est la vérité, est-il semblable à l'aveugle ? Seuls les gens doués d'intelligence réfléchissent bien,* » (Coran 13-19)

« *D'elle [terre], Il fait pousser pour vous, les cultures, les oliviers, les palmiers, les vignes et aussi toutes sortes de fruits. Voilà bien là une preuve [lois scientifiques] pour des gens qui réfléchissent.* » (Coran 6-11)

« *Pour vous, Il a assujetti la nuit et le jour ; le soleil et la lune. Et à Son ordre sont assujetties les étoiles. Voilà bien là des preuves [lois scientifiques] pour des gens qui raisonnent.* » (Coran 6-12)

« *Ce qu'Il a créé pour vous sur la terre a des couleurs diverses [et différentes qualités parmi les végétaux, les fruits, les animaux].*

Voilà bien là une preuve [lois scientifiques] pour des gens qui se rappellent. » (*Coran 6-13*)

« *Des fruits des palmiers et des vignes, vous retirez une boisson enivrante et un aliment excellent. Il y a vraiment là un signe [lois scientifiques] pour des gens qui raisonnent.* » (*Coran 16-67*)

« *... De leur abdomen [des abeilles], sort une liqueur, aux couleurs variées, dans laquelle il y a une guérison pour les gens. Il y a vraiment là une preuve [lois scientifiques] pour des gens qui réfléchissent.* » (*Coran 16-69*)

« *Il y a sur terre des preuves [lois scientifiques] pour ceux qui croient avec certitude ;* » (*Coran 51-20*)

« *ainsi qu'en vous-mêmes [corps humain]. N'observez-vous donc pas ?* » (*Coran 51-21*)

Dans le verset suivant, Allah exècre tout individu qui ne raisonne pas, qui ne réfléchit pas, qui ne donne pas un fondement intellectuel à quelque chose [objet, idée, question, problème, fait, événement, manifestation, etc.] afin de le construire, de lui donner un cadre rationnel pour en avoir une connaissance approfondie. Dès lors, Il le considère comme étant la plus abjecte sur l'échelle de la création.

« *Les pires des bêtes auprès d'Allah, sont [en vérité], les sourds-muets qui ne raisonnent pas.* » (*Coran, 8-22*)

V - Al-Yāwm al-Qiyāma

A - Eschatologie[46] - Finalité de la vie humaine

« Laisse ceux qui prennent leur religion pour jeu et amusement, et qui sont séduits par la vie sur terre. Et rappelle par ceci [le Coran] pour qu'un Nāfs ne s'expose pas à sa perte selon ce qu'il aura acquis, il n'aura en dehors d'Allah, ni allié ni intercesseur. Et quelle que soit la compensation qu'il offrirait, elle ne sera pas acceptée de lui. Ceux-là sont abandonnés à leur perdition à cause de ce qu'ils ont acquis. Leur breuvage sera l'eau bouillante et ils auront un châtiment douloureux, pour avoir mécru. » (Coran, 6-70)

L'Islam est la seule Révélation ayant fourni autant d'indications et porté à un si haut degré de précision l'ensemble des préceptes sur les fins ultimes de l'Homme et de l'Univers.

Al-Yāwm al-Qiyāma peut signifier : « *le Jour de la Résurrection* prélude au *Jugement* ». Or, comme l'atteste clairement le Coran, ces fins dernières concernent aussi bien l'*Homme* que le *Jinn*, les deux entités intelligentes possédant le *Nāfs* et dotées du *libre-arbitre*. Ainsi, elles seront toutes deux jugées par Allah.

---

[46] *Eschatologie*. Ensemble de doctrines et de croyances portant sur les fins ultimes de l'homme et de l'Univers.

« *Entrez dans le Nār [Feu][dira Allah] parmi les Jinn et les hommes des communautés qui vous ont précédés ». Chaque fois qu'une communauté entrera, elle maudira celle qui l'aura précédée…* » *(Coran, 7-38)*

« *Nous avons destiné beaucoup de Jinn et d'hommes à Jahānāmā [« Enfer »]. Ils ont des cœurs mais ne comprennent pas. Ils ont des yeux, mais ne voient pas. Ils ont des oreilles, mais n'entendent pas.…* » *(Coran, 7-179)*

« *…Et la parole de ton Seigneur s'accomplit : « Très certainement, je remplirai Jahānāmā [« Enfer »] de Jinn et d'hommes tous ensemble »* » *(Coran, 11-119)*

« *Si Nous voulions, Nous apporterions à chaque Nāfs sa guidée. Mais la parole venant de Moi doit être réalisée : J'emplirai Jahānāmā [« Enfer »] de Jinn et d'hommes réunis* » *(Coran, 32-13)*

De ce fait, le destin *post mortem* de l'homme est inéluctable. Son jugement *al-Yāwm al-Qiyāma*, son salut ou sa condamnation sont clairement établis.

L'homme ne pourra aucunement nier ces faits que répètent les versets de maintes sourates ! De plus, le Coran décrit les événements précurseurs de la fin du monde : indication des signes annonciateurs de la consommation des temps, description du cataclysme final, etc. Rien de l'Univers ne pourra subsister à l'exception d'Allah Seul. Tout doit périr, l'Homme, le Jinn, le Malāk, l'Univers !

« *Et n'invoque nulle autre divinité avec Allah. Lā ilāhā illā hoūwā* [*Pas de divinité digne d'adoration à part Lui*]. *Tout doit périr, sauf Son Visage. À Lui appartient le Jugement ; et* [*c'est*] *vers Lui* [*que*] *vous serez ramenés.* » *(Coran, 28-88)*

« *Et place ta confiance en Le Vivant qui ne meurt jamais…* » *(Coran, 25-58)*

Ces perspectives, d'une irrécusable certitude intérieure, s'enracinent directement dans la condition humaine elle-même. En effet, Allah a établit Sa loi immuable, puis décrété la disparition de l'Univers qui s'inscrit par-delà sa notion de pérennité. De fait, l'idée de *fin du monde* est une exigence logique de la pensée eschatologique et de l'histoire humaine que confirme al-Yāwm al-Qiyāma. Aussi, la *Justice divine* qui prend ici sa forme absolue est la résultante de ce *Jugement Final* !

« *Tout Nāfs goûtera la mort. Mais c'est seulement al-Yāwm al-Qiyāma que vous recevrez votre entière rétribution…* » *(Coran, 3-185)*

B - *Nāfs et Roūh - Notions*

Le *Nāfs* [« *Âme* »] définit le constituant immatériel qui, associé à l'enveloppe corporelle, compose l'homme. Généralement, le *Nāfs* est considéré comme un élément intérieur, primordial et spirituel. Il incarne la source de toutes les fonctions organiques et notamment de l'activité mentale ou cérébrale. Le *Nāfs* caractérise l'émergence du principe *cognito-spirituel* de l'être humain.

Dans sa généralité, il renvoie à des corrélats tels que la conscience, la connaissance, l'ego, l'émotion intérieure. Ainsi, le *Nāfs* est le siège de l'*intelligence*, de la *cognition*, de la *religiosité*, des *émotions* et des principes inhérents à la nature humaine. Il caractérise donc aussi le *libre-arbitre* et la *responsabilité* des actes.

Tandis que le *Roūh* [relatif au *Principe Vital, à la Vie*] se place dans une acception plus fonctionnelle, plus organique, plus mécanique. Il est ce qui fait qu'un être « vit », est animé de la vie. Ce qui différencie la matière « *vivante* » de la matière « *inerte* ». En d'autres termes un homme d'un rocher. Ainsi, toutes les créatures terrestres, tous les êtres vivants [faune] sont pourvus du *Roūh*. Alors que le *Nāfs* est spécifique à l'Homme et au Jinn.

C - *La mort, aspect d'un non-retour*

Le destin *post mortem* de tout individu lui appartient en propre, séparé de celui du groupe. En conséquence, la notion d'*al-Yāwm al-Qiyāma* est de nature individuelle bien que le *Rassemblement Ultime* soit collectif. En lieu et place, le *Jugement* est directement lié aux conditions de vie de chaque personne, en rapport avec ce qu'ont été ses actions et ses œuvres sur terre de son vivant.

« *Là, chaque Nāfs éprouvera [les conséquences de] ce qu'il a précédemment accompli…* » *(Coran, 10-30)*

Rien n'est omis car tout de l'existence terrestre de l'individu est minutieusement consigné par des Malāyka Scribes demeurant dans le monde du *Ghaīyb* [*Invisible*].

« …car Nos Malāyka enregistrent vos dénigrements. » (Coran, 10-21)

« …alors que veillent sur vous des gardiens [Malāyka], » (Coran, 82-10)

« de nobles scribes, » (Coran, 82-11)

« qui savent ce que vous faites. » (Coran, 82-12)

« …Leur témoignage [des hommes] sera alors inscrit ; et ils seront interrogés. » (Coran, 43-19)

Le Coran enseigne à l'homme que l'agonie, ultime moment du passage à la mort, est déjà comme une *Bāiynā* [« *Preuve évidente* »]. En effet, le monde du *Ghaīyb*[47] [*Invisible*] que l'homme avait nié toute sa vie ou dont il avait la certitude lui apparaît enfin.

« Mais non ! Quand [*Nāfs*] parviendra aux clavicules » (Coran, 75-26)

« et qu'on dira : « qui est guérisseur ? [qui puisse guérir, empêcher l'agonie] » » (Coran, 75-27)

« et qu'il [*l'agonisant*] sera convaincu que c'est la séparation [*la mort*], » (Coran, 75-28)

« et que la jambe s'enlacera à la jambe, » (Coran, 75-29)

« c'est vers ton Seigneur, ce jour-là que tu seras conduit. » (Coran, 75-30)

---

[47] *Ghaīyb. Se prononce Rhaīyb.*

« Mais il n'a ni cru, ni fait la Çalāt [« Prière »] ; » (Coran, 75-31)

« Au contraire, il a démenti [le Coran, la Révélation, et tourné le dos [à Allah], » (Coran, 75-32)

« Puis il s'en est allé vers sa famille, marchant avec orgueil.» (Coran, 75-33)

« Malheur à toi, malheur ! » (Coran, 75-26-34)

A ce moment-là, lorsque l'individu cesse de vivre, jaillissent la Vérité et la Réalité. Trop tard, hélas, car la mort ou l'au-delà est sans retour !

« Dis : Malak al-Māwt [Malak de la mort] qui est chargé de vous, vous fera mourir. Ensuite, vous serez ramenés vers Votre Seigneur… » (Coran, 32-11)

Dès lors, pour certains commencent les troubles, l'angoisse, la terreur, la souffrance.

« …Si tu voyais les injustes lorsqu'ils seront dans les affres de la mort et que les Malāyka leur tendront les mains [disant] : Laissez sortir vos Nāfs !… » (Coran, 6-93)

C'est un éternel moment de regrets, surtout pour les *Shayātīn* [« *semeur de désordre sur Terre* »] d'origine humaine et *jinnienne* et selon le degré de leur *Shaytānisme*[48].

---

[48] Le *Shaytānisme* est l'expression qui définit la pratique ou l'exercice du désordre que condamne Allah qu'il soit de type individuel, organisé ou d'Etat. Le désordre, c'est tout ce qui s'oppose à la Loi divine. Le *Shaytānisme* a toujours existé, et cela depuis l'époque humaine la plus reculée. Le XXIe

« Ô que si ! Mes Āyāt [preuves scientifiques, évidences, Révélations, versets] te sont venus et tu les as traités de mensonges, tu t'es enflé d'orgueil et tu étais parmi les mécréants. » (Coran 39-59)

« Ils vivaient auparavant [sur terre, quand ils étaient vivants] dans le luxe. » (Coran 56-45)

« Sachez que la vie présente n'est que jeu, amusement, vaine parure, une course à l'orgueil entre vous et une rivalité dans l'acquisition des richesses et des enfants. Elle est en cela pareille à une pluie : la végétation qui en vient émerveille les cultivateurs, puis elle se fane et tu la vois donc jaunie ; ensuite elle devient des débris. Et dans l'au-delà, il y a un dur châtiment [pour les mécréants, les malfaiteurs, les Shayātīn], et aussi pardon et agrément d'Allah [pour les croyants bienfaiteurs]. Et la vie présente n'est que jouissance trompeuse. » (Coran 57-20)

« Prenez garde ! Vraiment l'homme devient rebelle, » (Coran 96-6)

« Dès qu'il estime qu'il peut se suffire à lui-même [à cause de sa richesse]. » (Coran 96-7)

---

siècle signe l'apologie du *Shaytānisme*. Le terrorisme des États [qui sèment destruction, famine, etc. à travers le monde], la dévastation de la nature [faune et flore], le gaspillage, la glorification [sur tous types de médias], des dérives liées aux mœurs. La Science dégénérée aux mains des magnats politico-financiers [clonage d'êtres vivants, inséminations artificielles désordonnées, O.G.M., biotechnologie du rendement, etc.], en sont quelques illustrations.

La Justice d'Allah est impartiale et terrible. Et il n'existe de *Force et de Puissance qu'en Allah* ! C'est ce que nous enseigne le Coran !

« *Or personne ne portera le fardeau d'autrui. Et si un Nāfs surchargé [de péchés] appelle à l'aide, rien de sa charge ne sera supporté par un autre [Nāfs]….* » *(Coran 35-18)*

« *Allah n'impose à aucun Nāfs une charge supérieure à sa capacité. Il [Nāfs] sera récompensé du « bien » qu'il aura fait, puni du « mal » qu'il aura fait…* » *(Coran 2-286)*

Certains [Jinn et Homme] subiront les pires tourments. Pour d'autres, il s'agira d'une consolidation de leur foi en Allah et de ce qu'Il leur a proclamé dans Son Message, l'Islam. S'ils l'ont cru, Gloire à Allah *Rāhmāni Rahīm* [le « *Tout Miséricordieux* »] !

« *Ô Mes serviteurs ! Vous ne devez avoir aucune crainte aujourd'hui ; vous ne serez point affligés,* » *(Coran 43-68)*

« *Ceux qui croient en Nos signes et sont musulmans,* » *(Coran 43-69)*

« *Ô homme ! Toi qui t'efforces vers Ton Seigneur sans relâche, tu Le rencontreras alors.* » *(Coran 84-6)*

D - Notion d'ordre et de désordre - Le Shaytānisme - Cas d'Iblīs[49]

1 - La notion d'ordre et de désordre.

Pour certaines religions, la conception du « *bien* » et du « *mal* » repose sur une dualité issue de la tradition divine suméro-babylonienne démiurgique. En Islam, il est question d'*ordre*[50] et de *désordre*[51], notions nettement plus appropriées et plus empiriques. *Iblīs* le *Ifrīt*[52] est qualifié de *Shaytān* suprême, d'où le *Shaytānisme* qui est un terme générique signifiant : « *celui [Jinn ou Homme] qui sème le désordre sur Terre* ».

« *Et quand on leur dit : « Ne semez pas la corruption sur la terre », ils disent : « Au contraire, nous ne sommes que des réformateurs ! »* » *(Coran, 2-11)*

Le terme *désordre* désigne l'action d'enfreindre toute *Loi* établie par Allah, que celle-ci soit relative au *Dīne* [croyance ou pratique religieuse], à l'homme en tant qu'individu [ensemble de caractères] ou en tant que membre du corps social, à l'écologie [la faune, la flore], etc. Ainsi, toute corruption de la Création, toute altération sous toutes les

---

[49] NAS E. BOUTAMMINA, « Le Jinn, créature de l'invisible », Edit. BoD, Paris [France], janvier 2011.
[50] *Ordre*. Ensemble des règles qui permettent un bon fonctionnement à la société. Lorsque l'on parle de « *l'ordre de l'univers* », il s'agit de ensemble des lois naturelles.
[51] *Désordre*. Absence d'ordre. Chaos. Absence d'organisation, de règles, de lois. Absence de règles morales, etc.
[52] *Ifrit*. Jinn extrêmement puissant quant à sa longévité, ses aptitudes physiques et cognitives [intelligence, connaissance, etc.].

formes de la Vie et de la Nature que ce soit, qualifie le *désordre.*

« *Certes, je [Iblīs] ne manquerai pas de les [humains] égarer, je leur donnerai de faux espoirs, je leur commanderai, et ils fendront les oreilles aux bestiaux ; je leur commanderai et ils altéreront la création d'Allah* » *Et quiconque prend Shaytān pour Wālīy [protecteur ou tuteur] au lieu d'Allah, sera, certes, voué à une perte évidente.* » *(Coran, 4-119)*

2 - Le Shaytānisme - Cas d'Iblīs

« *Par Ta puissance ! dit [Iblīs]. Je les [humains] séduirai assurément tous,* » *(Coran, 38-82)*

« *sauf Tes serviteurs élus parmi eux [les croyants monothéistes]* » *(Coran, 38-83)*

Les *athées*[53] nient absolument l'existence de Dieu. Certains soutiennent que l'univers matériel est la réalité ultime ; d'autres prétendent que la prépondérance de la souffrance et du *mal* dans le monde rend impossible l'existence d'un être sacré : *Dieu.*

Ceux qui refusent la métaphysique, les *agnostiques*[54], sont insatisfaits des preuves pour et contre l'existence de Dieu et laissent leur jugement en suspens. Les *positivistes*[55], eux, présument que l'investigation rationnelle ne peut se rapporter

---

[53] *Athée.* Incroyant, personne niant l'existence de Dieu.
[54] *Agnostique.* Adepte de l'*agnosticisme*, doctrine selon laquelle tout ce qui est au-delà du donné, la *métaphysique*, ne peut être connu, est insaisissable.
[55] *Positiviste.* Adepte du *positivisme*, doctrine philosophique qui fonde la connaissance sur l'expérience.

qu'aux questions sur les faits empiriques et, qu'en conséquence, affirmer ou nier l'existence de Dieu n'a aucun sens.

Mais il arrive à l'homme d'être sous l'influence d'une autre créature distincte de lui et qui l'égare. Cette entité, le Jinn personnifié par *Iblīs*, demeure l'antithèse de ce qui incarne l'Humanité. En effet, condamné ainsi que l'Homme à vivre sur Terre *Iblīs* est, comme le souligne le Coran, l'ennemi déclaré du genre humain.

« …*Descendez* [*du Jānna -« Paradis »-*] *ennemis les uns* [*Iblīs le Shaytān*] *des autres* [*Hādām, son épouse*]. *Et pour vous* [*tous*], *il y aura une demeure sur la Terre…* » (Coran, 2-36)

« *Alors Nous dîmes : « Ô Hādām, celui-là* [*Iblīs*] *est vraiment un ennemi pour toi et ton épouse. Prenez garde qu'il vous fasse sortir du Jānna, car alors tu seras malheureux.* » (Coran, 20-117)

La puissance physique et cognitive du Jinn [*Iblīs*, Ifrit] est sans égale avec celle de l'homme. Ajoutons à son « *équipement* » la dextérité et l'invisibilité et nous avons là une « *machine à désordre* » inimaginable !

« …*Il* [*Iblīs*] *vous voit, lui et ses suppôts* [*les Jinn Shayātīn*], *d'où vous ne les voyez pas…* » (Coran, 7-27)

De plus, Allah lui a accordé pour une certaine durée un allié puissant, le *temps* d'où sa longue longévité et une expérience du désordre sans cesse augmentée !

« Seigneur, dit [Iblīs] donne-moi donc un délai, jusqu'au jour où ils seront ressuscités » (Coran, 38-79)

« [Allah] dit : Tu [Iblīs] es de ceux à qui un délai est accordé. » (Coran, 7-15)

« jusqu'au Jour de l'Instant connu [d'Allah]. » (Coran, 15-38)

Du point de vue religieux, le *Shaytānisme* prend l'aspect d'une distribution du pouvoir de l'Être suprême entre plusieurs êtres humains, animaux, objets ou esprits. Il arrive souvent que des *Shayātīn jinno-humains* collaborent pour arriver à des résultats concrets. Ce *Shaytānisme* peut être ou bien la personnification de tel aspect non humain de la réalité, ou bien une pure création qui, soi-disant, vise à protéger l'homme face à l'incontrôlable de l'inconnu. Iblīs apparaît ainsi comme un grand *Architecte* qui organise, pour l'Humanité, des phases de créations religieuses et philosophiques [dogmes, rituels, etc.].

« …Ils [humains] adoraient plutôt les Jinn, en qui la plupart d'entre eux croyaient » (Coran, 34-41)

« Et ils [les mécréants] ont établi entre Lui et les Jinn une parenté, alors que les Jinn savent bien qu'ils [mécréants] vont être emmenés [pour le châtiment] » (Coran, 37-158)

« Et ils ont désigné des associés à Allah : les Jinn ; alors que c'est Lui qui les a créés. Et ils Lui ont inventé, dans leur ignorance, des fils et des filles. Gloire à Lui ! Il transcende tout ce qu'ils Lui attribuent » (Coran, 6-100)

C'est dire que depuis l'apparition de l'Homme, Iblīs, ce *Maître ès Shaytānisme* se trouve devant deux possibilités : recréer des doctrines occultes, ésotériques afin d'établir avec lui des relations régies par des normes anthropomorphiques ; ou bien lui créer des dieux protecteurs surhumains [démons, dieux, héros, etc.] afin de leur déléguer le soin d'affronter l'incontrôlable, l'inconnu.

« Or, il y avait parmi les humains, des mâles qui cherchaient protection auprès des mâles parmi les Jinn mais cela ne fit qu'accroître leur détresse. » (Coran, 72-6)

A cette seconde catégorie, il faut rattacher les innombrables croyances [panthéons, divinités trinitaires, animisme, idolâtrie, etc.] et philosophies qui se perpétuent sous diverses formes dans toutes les sociétés au cours de l'histoire humaine.

« Certes, je [Iblīs] ne manquerai pas de les [humains] égarer, je leur donnerai de faux espoirs, je leur commanderai, et ils fendront les oreilles aux bestiaux ; je leur commanderai et ils altèreront la création d'Allah ». Et quiconque prend Shaytân pour Wāliy [protecteur ou tuteur] au lieu d'Allah, sera, certes, voué à une perte évidente. » (Coran, 4-119)

« Il [Iblīs] leur [humains] fait des promesses et leur donne de faux espoirs. Et Shaytān [Iblīs] ne leur fait que des promesses trompeuses. » (Coran, 4-120)

VI - Le Coran [Al-Qour'ãn]

« Ceci [le Coran] est un message pour les gens afin qu'ils soient avertis, qu'ils sachent qu'Il n'est qu'un Dieu Unique [Allah], et pour que les doués d'intelligence se rappellent. » (Coran, 14-52)

Le terme *Coran* [transcrit par la littérature *Coran*], procède d'une racine exprimant l'idée d'une *communication orale*, d'un *Message transmis* sous forme de récitation à voix haute et d'une *consignation par l'écriture*. Par sa complexité même, cette triple notion, décrit l'état premier d'une *Révélation verbale*, que sanctionne un volume regroupant l'ensemble des versets.

« Et voici un Livre [Coran] béni, que Nous avons fait descendre, suivez-le donc et soyez pieux [en obéissant aux ordres d'Allah] afin de recevoir la miséricorde [et d'être sauvé du châtiment] » (Coran, 6-155)

« Nous te racontons [ô Moũhammad] le meilleur récit, grâce à la révélation que Nous te faisons dans ce Coran même si tu étais auparavant du nombre des inattentifs [à ces récits] » (Coran, 12-3)

Le contenu ou Révélation de l'Islam a été fixé dans le contenant le Coran sous le khalifat [Califat] de Othman Ibn Affan [m. 656] dans une forme demeurée immuable depuis cette époque. « *Coran* » nommé ainsi par Allah Lui-même, n'est l'œuvre ni du Raçoūl Moūhammad ni de son entourage, ni d'aucun autre humain.

« Ne méditent-ils pas sur le Coran ? S'il provenait d'un autre qu'Allah, ils y trouveraient certes maintes contradictions ! » (Coran, 4-82)

« Nous l'avons fait descendre, un Coran en [langue] arabe, afin que vous raisonniez. » (Coran, 12-2)

Le Coran est composé de cent quatorze [114] chapitres ou sourates [*al-soūra*] subdivisés en 6236 versets ou *Āyāt*, et classés selon un ordre de longueur décroissante. Ce type de classement fut indiqué sous la directive du Raçoūl Moūhammad. Et il ne correspond ni à un classement par matière, ni à un classement chronologique.

En effet, la sourate *Al-Hālaq* ou l'*Adhérence*, par exemple, fut la première révélée et pourtant, elle se situe dans le Coran à la 96ᵉ position. Ainsi, une chronologie parfois fort détaillée fut élaborée répartissant la Révélation sur vingt années, de 612 de l'ère chrétienne environ à 632, date de la mort du Raçoūl Moūhammad. En 622, une coupure fondamentale a été marquée par le départ du Raçoūl de sa ville natale, *Makka* ou la Mecque, pour Médine, où il s'établit avec ses fidèles. C'est l'Hégire ou *Hijrā*, date où débute l'*Ere musulmane*.

A - Le Coran, Dhikr

Le Coran est source de réflexion, de méditation et de rappel ou *Dhikr* [*Rappel, Évocation, Raisonnement*]. C'est un outil réflexif.

« En vérité, c'est Nous qui avons fait descendre Dhikr [Coran], et c'est Nous qui en sommes Gardien[56]. » (Coran, 15-9)

Le Coran, qui caractérise *Dhikr* [*Rappel, Évocation*] contient une force de souvenance tendant à ramener l'Homme vers sa position spirituelle et naturelle, celle qui lui octroie son équilibre physique et mental. Elle lui donne un sens à sa vie. Cet état de rappel est rapporté à l'action car il est, par sa puissance et la force de sa persistance, comme une réponse à l'exhortation d'Allah.

« Ceci [Coran] est un message pour les humains afin qu'ils soient avertis, qu'ils sachent qu'Il n'est qu'un Dieu Unique [Allah], et que pour les doués d'intelligence se rappellent. » (Coran, 14-52)

Le Coran est d'abord une lumière qui guide sur le chemin existentiel de l'homme, jalonné par les ténèbres de l'ignorance, du doute et des souffrances. Il signifie pour l'humain la conscience de son inachèvement, de la distance qui le sépare et qui lui occulte l'agrément divin. En conséquence, le Livre [Coran] représente un appel et un rappel de la nécessité qui incombe à l'humain d'expérimenter cette distance en se dégageant de cette opacité intérieure. Le Coran paraît d'emblée comme une mise en ordre, un enchaînement de notions, une présentation rationnelle de l'incompréhensible même. Il vise à établir comme raison le *révélé*, le prescrit, tout ce qui est établi par Allah. Dès lors, on comprend mieux

---

[56] Depuis son apparition, aucune lettre, ni aucun mot du Coran n'a été modifié. En effet, depuis son apparition, innombrables sont les groupes ou individus de toute obédience qui ont essayé de le corrompre, mais en vain !

pourquoi le Coran incarne *Dhikr*. Il est destiné en particulier à l'homme, et cela, quelle que soit son origine ethnique ou son statut socioculturel. Aussi, s'adresse-t-il, par extension, à toute créature intelligente, y compris le Jinn. En cela, le Coran a une portée universelle.

« Dis [ô Moūhammad] » : « Il m'a été révélé qu'un groupe de Jinn prêtèrent l'oreille, puis dirent : « Nous avons certes entendu une Lecture [Coran] merveilleuse, » (Coran, 72-1)

« qui guide vers la droiture. Nous y avons cru, et nous n'associerons jamais personne à notre Seigneur. » (Coran, 72-2)

« Certes, ce Coran guide vers ce qu'il y a de plus droit, et il annonce aux croyants qui font bonnes œuvres qu'ils auront une grande récompense » (Coran, 17-9)

B - *Thèmes relatifs à tous les aspects de l'existence humaine*

Les 9/10e [90%] du Coran sont relatifs au *Tāwhid* [Unicité], aux bienfaits octroyés à l'Homme, à son égarement à l'ingratitude de ce dernier et enfin, à la Magnanimité et la Miséricorde d'Allah envers lui, une si faible créature qui doit mériter toute Son attention !

« Comment pouvez-vous renier Allah, considérant qu'Il vous [humains] a donné la vie alors que vous étiez inexistants... » (Coran, 2-28)

« C'est Lui qui a créé pour vous tout ce qui est sur la terre... » (Coran, 2-29)

« Certes, Nous vous [Humains] avons donné du pouvoir sur terre et Nous vous y avons assigné subsistance [pour votre existence]. Mais, vous êtes très peu reconnaissants ! » (Coran, 7-10)

« Allah veut vous alléger [les obligations existentielles, religieuses] car l'homme a été créé faible. » (Coran, 4-28)

« Il a créé l'homme d'une [goutte] de sperme ; et voilà que l'homme devient un disputeur déclaré » (Coran, 16-4)

« Certes, Nous avons honoré les fils d'Hādām. Nous les avons transportés sur terre et sur mer, leur avons attribué des Thaiyibāt [nourritures agréables et licites], et Nous les avons nettement préférés à plusieurs de Nos créatures » (Coran, 17-70)

« L'homme a été créé empressé dans sa nature… » (Coran, 21-37)

« Oui l'homme a été créé instable [très préoccupé, angoissé] » (Coran, 71-19)

« quand le malheur le touche, il est abattu ; » (Coran, 71-20)

« et quand le bonheur le touche, il est avare. » (Coran, 71-19/21)

Les sujets que traite le Coran sont révélateurs de l'approche qu'ont eu les savants [scientifiques] musulmans pour concevoir une société raisonnable et intelligente, fondée sur la Science qu'ils créèrent[57]. En effet, les différentes

---

[57] NAS E. BOUTAMMINA, « Les contes des mille et un mythes - Volume II », Edit. BoD, Paris [France], novembre 2011.

disciplines scientifiques sont autant de domaines que touche l'existence humaine [physique, mental, social, économique] et qui se rapportent à son cadre de vie ou environnement [nature, technologie, etc.].

Allah a mis en place deux types de *Lois*. Celui qui régit la société humaine, c'est à dire l'*Islam* fixé par le Coran et celui régissant l'Univers [lois de la Physique, de la Biochimie]. Les lois de la nature découvertes par les *Sciences islamiques*[58] telles que la *Chimie*, la *Médecine*, l'*Astronomie*, les *Mathématiques*, la *Physique*, la *Géographie*, etc. permettent de comprendre et de dompter les forces naturelles. Elles sont mises au service de l'homme afin que celui-ci établisse une *Civilisation humaine* fondée sur l'union, le partage et le progrès.

La société humaine, avec ces deux types de lois doit pouvoir gérer les aspects temporels et spirituels de son existence et parvenir au succès *al-Yāwm al-Qiyāma* [« *le Jour du Jugement/Résurrection* »]. Ce n'est pas un hasard que les deux formes de Lois ont été révélées à l'Humanité avec l'avènement de l'Islam. La législation réglementant la société

---

[58] Les *Sciences islamiques* ne sont pas comme on le prétend la « *théologie* » [étude des questions religieuses fondée sur les textes sacrés], la *sharia* [ensemble de textes définissant la loi islamique], l'analyse des recueils de *Tradition* [*Hadiths*], l'*exégèse* [interprétation des textes sacrés], la *psalmodie* [manière de réciter les textes du Coran], etc. En effet, les *Sciences islamiques* sont les diverses disciplines de la Science, c'est à dire l'ensemble de connaissances sur un fait, un domaine ou un objet vérifiées par des méthodes expérimentales. En effet, puisque c'est l'*Islam* qui est le fondateur de la *Science*, il est incontestable que la terminologie exacte pour définir ces disciplines scientifiques soit : *Sciences islamiques*.

humaine [agencée par le *Coran*] et celle régissant l'Univers [modélisée par la *Science*]. L'une parachevant l'autre.

Soulignons encore que le Coran qui n'est pas un manuel de Physique, ni d'Astronomie, reste toujours une source de réflexion sur l'Univers[59] encore inexploré et de connaissances toujours inconnues.

« En effet, Nous avons rendu le Coran facile pour la méditation. Y-a-t-il quelqu'un pour réfléchir ? » (Coran, 54-17)[60]

« En vérité, dans la création des cieux et de la terre, et dans l'alternance de la nuit et du jour, il y a certes des signes pour les doués d'intelligence » (Coran, 3-190)

« qui, debout, assis, couchés sur leurs côtés, évoquent Allah et méditent sur la création des cieux et de la terre [en disant] : « Ô notre Seigneur ! Tu n'as pas créé [tout, l'Univers] cela en vain. Gloire à Toi ! Garde-nous du châtiment du Nār [Feu] » (Coran, 3-190-191)

« Et parmi Ses signes la création des cieux et de la terre et la variété de vos idiomes [langues] et de vos couleurs. Il y a en cela des preuves pour les savants [scientifiques[61]]. » (Coran, 30-22)

---

[59] Répétons-le, c'est la réflexion sur le contenu du Coran qui a permis aux savants musulmans de créer les Sciences [Mathématiques, Chimie, Botanique, etc.].
[60] « CORAN, 54- 22, 32, 40 »
[61] Lorsqu'il est question de « *savant* » dans le Coran, il s'agit bien entendu d'érudit, de scientifique qui se consacre à l'étude des Sciences, et en particulier des *Sciences exactes et expérimentales*. Il ne s'agit nullement du *Traditionniste* [spécialiste du *Hadith*] qui ne connaît rien à la Science [exacte

« *Il y a pareillement des couleurs différentes, parmi les hommes, les animaux et les bestiaux. Parmi Ses serviteurs, seuls les savants craignent Allah. Allah est, certes, Tout Puissant et Pardonneur.* » *(Coran, 35-28)*

Le Coran ne peut qu'être compris qu'à la lumière des Sciences [expérimentales]. Le Coran permet de réfléchir sur une question, une idée, un objet, etc. La Science permet de résoudre une question, une idée, un objet, etc. Voilà, ce qu'ils ont compris les Fondateurs des Sciences !

Le Coran est le garde-fou de la Science et la Science est le garde-fou du Coran !

---

et expérimentale] et, surtout, il n'en a que faire de la Science. Mais hypocritement, le Traditionniste reste un remarquable consommateur des retombées pratiques de la Science [soins médicaux, nouvelles technologies, moyens de télécommunication et de transport, électricité, etc.].

VII - Préceptes fondamentaux de l'Islam

A - Unité du genre humain

« *Et c'est Lui qui vous a créés à partir d'une personne unique [Hādām]. Et Il vous a fixé une demeure [sur la terre] et un lieu de dépôt [dans la terre]. Certes, Nous avons exposé les preuves pour ceux qui comprennent.* » *(Coran, 6-98)*

Selon l'Islam, le *genre humain* est une *unité indivisible* dont tous les membres ont une égalité fondamentale et des devoirs mutuels de bienveillance et d'entraide. De ce fait, le Coran narre les récits relatifs à la création de l'Homme, à sa condition originelle.

« *Il vous a [tous les humains] créés d'une personne unique [Hādām] et a tiré d'elle son épouse…* » *(Coran, 39-6)*

L'Islam rejette avec véhémence la différence entre les groupes humains selon leurs caractères apparents d'origine ethnique [couleur de la peau, physionomie raciale, idiome parlé, etc.] ou sexuelle [homme, femme]. L'égalité est élevée au plus haut niveau. En effet, Allah a disséminé l'espèce humaine sur Terre[62] et de ce fait, Il en a constitué des variétés.

---

[62] NAS E. BOUTAMMINA, « Expansion de l'Homme sur la Terre depuis son origine par mouvement ondulatoire - Volume IV », Edit. BoD, Paris [France], décembre 2010.

« C'est Lui [Allah] qui vous [Humains] a répandus sur la terre,… » (Coran, 23-79)

« Parmi Ses signes, Il vous a créés de « terre », puis vous voilà des hommes qui se dispersent [sur terre] » (Coran, 30-20)

« Et parmi Ses signes la création des cieux et de la terre et la variété de vos idiomes [langues] et de vos couleurs. Il y a en cela des preuves pour les savants. » (Coran, 30-22)

Ces variations sensibles ont seulement pour objectif d'établir des contacts, des relations fraternelles afin de se connaître, de se découvrir mutuellement.

« Ô hommes ! Nous vous avons créés d'un mâle et d'une femelle, et Nous avons fait de vous des nations et des tribus, afin que vous vous connaissiez mutuellement. Certes, le plus noble d'entre vous, auprès d'Allah, est le plus pieux. Allah est certes Omniscient et Grand Connaisseur. » (Coran, 49-13)

La finalité de cet échange est celle de permettre le « *brassage génétique* » [mariage] : l'espèce humaine est alors rendue plus intelligente [cognition] et plus résistante aux agressions d'un environnement hostile [éléments, agents pathogènes, etc.], plus vigoureuse et donc plus apte à affronter l'existence.

L'Islam insiste sur les réseaux de relations sociologiques structurées des groupes humains qui s'inscrivent dans une société humaine globale [à l'échelle planétaire]. Les sujets découvrent une unité concrète dans l'intensité même des relations qui, à la fois, les unissent et les distinguent. Ordre suprême du sens, qui octroie à chacun l'identité de son appartenance à l'unité du *genre Humain*. Une telle attitude évite les épreuves conflictuelles [intolérance, violence, guerre, compétition stérile et nuisible, etc.]

« Parmi Ses signes, Il vous a créés de « terre », puis vous voilà des hommes qui se dispersent [dans le monde]. » (Coran, 30-20)

Les hommes vivent en société. Or, pour définir cet espace familier, dans lequel s'inscrivent toutes leurs pratiques individuelles ou collectives, ainsi que toutes leurs représentations, Allah établit la *cellule familiale*. Celle-ci, sous la responsabilité des parents comme assise où s'installe et se révèle cette société.

« Et c'est Lui qui de l'eau a créé une espèce humaine qu'Il unit par les liens de la parenté et de l'alliance. Et ton Seigneur demeure omnipotent. » (Coran, 25-54)

« Et parmi Ses signes Il a créé de vous et pour vous, des épouses pour que vous viviez en tranquillité avec elles et Il a mis entre vous de l'affection et de la bonté. Il y a en cela des preuves pour des gens qui réfléchissent. » (Coran, 30-21)

« Nous avons commandé à l'homme [la bienfaisance envers] son père et sa mère. Sa mère l'a porté, [subissant pour lui] peine sur peine ; son sevrage a lieu à deux ans. Sois reconnaissant envers Moi ainsi qu'envers Tes parents. Vers Moi est la destination. » (Coran, 31-14)

L'analyse sociologique de l'Islam construit des niveaux de réalité sociale, des systèmes de relations d'ordre comportemental, religieux, politique, économique, et plus généralement culturel.

« Alif, Lam, Ra. [Voici] un Livre [Coran] que Nous avons fait descendre sur toi [Moūhammad] afin que [par la permission de leur Seigneur] tu fasses sortir les gens des ténèbres vers la lumière sur la voie du Tout Puissant, du Digne de louange » (Coran, 14-1)

« C'est Lui qui prie pour vous [ainsi que ses Malāyka] afin qu'Il vous fasse sortir des ténèbres [de l'ignorance et du polythéisme] à la lumière [de l'Islam et de la Science] ; et Il est Très Miséricordieux envers les croyants. » (Coran, 33-43)

Se voulant plus proche de la réalité humaine, l'Islam caractérise l'individuel d'une part, le groupe familial d'autre part et enfin, les groupements de plus en plus importants [familles, clans, ethnies, communautés, nations, etc.]. De plus, il fixe des règles concernant la cohésion et les contraintes dans la société. Celles-ci déterminent, à leur échelle, la *Législation* qui les regroupe et les unifie.

« Nous avons envoyé dans chaque Oūmā [communauté, nation, peuple] un Raçoūl [Messager, Envoyé] [pour leur dire] : « Adorez Allah et écartez-vous du Taghoūt [Rebelle, Idole, faux dieu, tyran, despote]. Alors Allah en guida certains, mais il y en eut qui furent destinés à l'égarement. Parcourez donc la terre, et regardez qu'elle fut la fin de ceux qui traitaient [Nos Roūçoūl - Messagers] de menteurs. » (Coran, 16-36)

Le système de valeurs qu'Allah accorde à l'Homme est fondé sur la piété envers Lui. Celle-ci est le corollaire de l'altruisme et de l'abnégation pour l'individu qui en est dotée.

B - L'homme au service de l'Humanité

« *Or il* [*l'homme*] *ne s'engage pas dans la voie difficile !* » (Coran, 90-11)

« *Et qui te dira ce qu'est la voie difficile ?* » (Coran, 90-12)

« *C'est délier un joug* [*affranchir un esclave*]*,* » (Coran, 90-13)

« *ou nourrir en un jour de famine,* » (Coran, 90-14)

« *un orphelin proche parent* » (Coran, 90-15)

« *ou un Mīçkīyn* [*pauvre*] *dans le dénuement.* » (Coran, 90-16)

« *C'est être, en outre, de ceux qui s'enjoignent mutuellement l'endurance, et s'enjoignent mutuellement la miséricorde.* » (Coran, 90-17)

Généralement, l'expression « *Être au service de l'Humanité* » se distingue absolument de celle d'*humanisme*[63],

---

[63] *Humanisme*. L'*Humanisme* de la *Renaissance* axée principalement sur l'*Arrivisme*, l'*Opportunisme* et l'*Affairisme* [AOA] n'a rien à voir avec la définition de l'*Humanisme* du XXe-XXIe siècle. En effet, cette dernière stipule une attitude philosophique ou formellement théorique dirons-nous, qui tient l'homme pour la valeur suprême et revendique pour chaque homme la possibilité d'épanouir librement son humanité, ses facultés proprement humaines.
NAS E. BOUTAMMINA, « Comprendre la Renaissance - Falsification et fabrication de l'Histoire de l'Occident », Edit. BoD, Paris [France], avril 2015. 2ᵉ édition.

une notion en somme toute *philosophique*, abstraite, générale, d'une certaine manière *contemplative*[64] et vide d'action.

« *et dans leurs biens, il y avait un droit au Sā'il [mendiant] et au Māhroūm [déshérité].* » *(Coran, 51-19)*

Mais « *Être au service de l'Humanité* » comme le préconise l'Islam qualifie une attitude morale concrète qui, par-delà toute crainte et même toute norme, privilégie autrui au nom de Dieu. Selon l'Islam, l'homme qui manifeste un débordement de mansuétude pour son prochain comprend alors qu'il est lui-même sujet à la longanimité d'Allah. Une sorte d'aura entoure donc l'expression « *Être au service de l'Humanité* », car l'on ne peut solliciter la Miséricorde d'Allah, si l'on méprise l'Homme et l'Humanité. Vraiment, c'est un non-sens !

« *Certes les Moūttāqīn [pieux, vertueux qui craignent Allah], qui aiment Allah d'un amour fort [et accomplissent toutes les sortes de bonnes actions], auront auprès d'Allah les jardins de délice.* » *(Coran, 68-34)*

L'Islam fait de l'inclination envers le prochain un critère de la foi en Allah. Et le Coran exprime remarquablement le bienfait d'Allah envers l'Homme.

« *Et concourez au pardon de votre Seigneur, et à un jardin [Jānna - « Paradis »] large comme les cieux et la terre, préparé pour les Moūttāqīn [pieux],* » *(Coran, 3-133)*

---

[64] *Contemplative*. Qui s'attache à la contemplation, à la méditation qui est l'état de béatitude, de détachement des réalités.

« qui dépensent [pour la cause d'Allah] dans l'aisance et dans l'adversité, qui dominent leur rage et pardonnent à autrui [car Allah aime les Moūhçinīyn -les bienfaisants-] » (Coran, 3-134)

Une certaine forme de cette générosité, qui met l'*Autre* au-dessus de *soi* et rend toute relation harmonieuse, révèle un état d'esprit plus qu'un simple sentiment. Finalement, il devient une sorte de réflexe comportemental pour toute l'Humanité. Il s'agit alors moins d'un idéal que d'un accomplissement de soi, constituant un véritable éloge de la relation à autrui. Ce concept « *Être au service de l'Humanité* » ne peut donc que relever de l'amour envers Allah. Il se traduit par des actions effectives et n'a aucune entrée dans le discours philosophique. Ce dernier, étayé de manières diverses à partir d'une conception subjective du sujet, conçoit la question d'autrui comme simple objet du jugement empirique[65].

Le sens que l'Islam donne à la notion être au service de l'Humanité s'inscrit avec une vigueur jamais connue dans l'histoire. Cette question de l'humanité est au cœur de la problématique de la croyance en Allah, car ce qui exprime la conviction religieuse d'un individu c'est son comportement, ce dernier n'ayant de valeur que par son rapport à l'Humanité !

Ainsi comprise, la relation qui résulte d'*être au service de l'Humanité* révèle une pensée nouvelle sur l'*Autre*. Les notions d'intersubjectivité, d'altérité, avec tout ce qu'elles connotent comme révision des conceptions du sujet, de la conscience, des valeurs ou du langage doivent être réenvisagées. Et il faut

---

[65] Il existe quantité de textes relatifs aux Droits de l'Homme mais aucun qui préconise d'*être au service de l'Humanité* !

alors également repenser aux assises de la métaphysique : *Être, Nāfs, Yāwm al-Qiyāma, Allah*.

C - *La dignité de la condition humaine*

« Certes, Nous avons honoré les fils d'Hādām [les humains]. Nous les avons transportés sur terre et sur mer, leur avons attribué des Thaiyibāt [nourritures agréables et licites], et Nous les avons nettement préférés à plusieurs de Nos créatures » (Coran, 17-70)

Libre, raisonnable et responsable, voilà comment se conçoit la législation d'Allah vis-à-vis de l'Homme. L'Islam, non seulement ne contrevient pas au principe de l'*humanité* de l'homme, de tout homme, à se guider librement par la raison, mais en même temps, il formule un impératif inhérent à sa nature : le *respect de sa dignité*.

Allah ne permet pas qu'un individu change son semblable en un simple instrument au service de ses désirs et de ses caprices et fasse d'un humain un objet. Selon l'Islam, l'Homme n'a pas de prix. Il est, en tant qu'être spirituel et raisonnable, la valeur originale et originelle dont toutes les autres dérivent et par rapport à laquelle elles ont un sens. Allah a rendu la vie humaine sacrée, c'est-à-dire digne du respect le plus haut. Et Seul Allah peut juger de la valeur intrinsèque et extrinsèque de Sa créature : l'*Homme*.

« Ne tuez point la vie qu'Allah a rendue sacrée, sauf pour une cause légitime… » (Coran, 17-33)

« …quiconque tuerait une personne non coupable d'un meurtre ou d'une corruption sur la terre, c'est comme s'il avait tué

tous les humains. Et quiconque lui fait don de la vie, c'est comme s'il faisait don de la vie à tous les humains… » *(Coran, 5-32)*

La conscience morale de l'homme est cette faculté octroyée par Son Créateur qui lui donne le choix des maximes selon leurs possibilités d'universalité. Elles sont les garantes de sa dignité et méritent, quand elle s'incarne dans la Loi absolue, l'Islam, le respect absolu.

Le Coran insiste sans relâche sur la notion de *condition de la dignité humaine* : c'est la conviction du Dieu Unique, Créateur de l'Univers, qui s'inscrit dans le précepte du respect absolu de l'Humanité.

La foi en Allah est le corollaire de la considération de l'humanité, autant à travers la générosité de ses buts que dans les conditions de son accomplissement. La croyance en Allah et la dévotion du Musulman sont corrélativement liées à l'appréciation et à la considération de la condition de la dignité humaine.

La ferveur en Allah sans considération de la condition humaine est un non-sens !

D - L'Homme, sa responsabilité

« *Or personne ne portera le fardeau d'autrui. Et si un Nāfs surchargé [de péchés] appelle à l'aide, rien de sa charge ne sera supporté par un autre [Nāfs]…* » *(Coran, 35-18)*

La notion de responsabilité renvoie à la double adjonction, celle de l'éthique et du métaphysique. En proclamant la responsabilité de l'Homme, Allah lui donne un sens critique et place celui-ci devant des faits. Sa responsabilité, corollaire des situations vécues, est inhérente à leurs conséquences. Allah est l'Autorité Suprême qui rend l'homme responsable de tout acte. Celui-ci se définit par l'élément spécifiquement éthique de toute situation de responsabilité, à savoir son comportement, qu'il soit purement théologique *inter divin* ou *tāwhidien* [vis-à-vis d'Allah], individuel ou *inter Nāfs* [vis-à-vis de lui-même], *interhumain* [au sein d'un groupe ou de la société] ou encore *inter environnemental* [vis-à-vis de la nature -faune, flore-].

« Tout Nāfs est l'otage de ce qu'il a acquis » (Coran, 74-38)

« Tout Nāfs saura alors ce qu'il a accompli et ce qu'il a remis à plus tard » (Coran, 82-5)

L'aptitude, en l'homme, à répondre de soi instaure la morale. Celle-ci exprime et traduit une *Justice* qui, exprimée sous sa forme absolue, est de nature divine. Aussi, la *Justice* trouve sa réelle signification, sa véritable réalisation et sa pleine rétribution *al-Yāwm al-Qiyāma* [« *le Jour du Jugement/Résurrection* »].

« Ce jour-là [al-Yāwm al-Qiyāma - « le Jour du Jugement/Résurrection »], chaque Nāfs sera rétribué selon ce qu'il aura acquis… » (Coran, 40-17)

« …chaque Nāfs sera rétribué selon ce qu'il a acquis... » (Coran, 45-22)

N'est-ce point pour faire respecter l'idée de l'*Ordre* que la responsabilité est établie ? Sinon sur quoi se fonderait le *libre-arbitre* ? Allah s'est imposé à Lui-même la Justice et la Responsabilité.

Dieu n'affirme-t-Il pas, dans le Coran, qu'Il est l'Auteur de l'Univers donc Responsable de celui-ci et qu'Il n'y est pas inattentif ?

« …*Dis : « Allah est le Créateur de toute chose, et c'est Lui l'Unique, le Dominateur suprême* » *(Coran, 13-16)*

« *Nous avons créé, au-dessus de vous, sept cieux. Et Nous ne sommes pas inattentifs à la création* » *(Coran, 23-17)*

Doué d'un libre-arbitre, l'homme [tout comme le Jinn] est responsable non seulement des moyens de ses choix, mais il est surtout garant des conséquences qui en découlent.

« *Là [al-Yāwm al-Qiyāma], chaque Nāfs éprouvera [les conséquences de] ce qu'il a précédemment accompli…* » *(Coran, 10-30)*

E - *Liberté de conviction*

« *Nulle contrainte dans le Dīne [croyance ou pratique religieuse] ! Car le bon chemin s'est distingué de l'égarement…* » *(Coran, 2-256)*

Pour l'Islam, la question de la *liberté* au sens général du terme est inhérente à la notion de *libre-arbitre*. La liberté, qui caractérise les actions humaines intentionnelles ou non, explique la raison d'agir. Ainsi, les actions sont assignées à un agent responsable. Dire qu'un acte est de nature libre, c'est donc le situer dans la catégorie des actes qui ne sont pas dus à la contrainte.

À un autre niveau, celui de la réflexion morale, la liberté n'est plus uniquement un caractère qui particularise certaines actions telles qu'une tâche, une exigence, une valeur, et les conditions de leur réalisation dans la vie humaine, dans l'histoire, au plan des institutions, etc., mais elle est une réalité à part entière et se nomme *liberté de conviction*. Ainsi, l'Islam pose la question de la valeur de la *liberté de conviction*, qui peut être articulée dans un discours. Ce dernier ne consistera donc plus seulement à décrire la classe des actions tenues pour libres par le langage ordinaire.

Il prescrira aussi le chemin même de la libération de l'Homme face à la contrainte [excepté bien entendu celle de la biologie et de la physico-chimie]. Dès lors se développent des expressions telles que : norme, loi, institution, etc.

« *Et dis : « La vérité émane de votre Seigneur. Quiconque le veut, qu'il croie, et quiconque le veut qu'il mécroie ».…* » *(Coran, 18-29)*

La *liberté de conviction* et notamment religieuse est une notion éminemment personnelle. Elle vise à témoigner d'un choix. Cependant, la contrainte en matière religieuse que l'on constate malgré tout, revêt celle-ci d'une grande faiblesse car les projets poursuivis ou les moyens utilisés détruisent alors la crédibilité de la croyance qui se veut, par nature, libre, véridique et réelle. Pourtant, la *liberté du culte* est le corollaire de la liberté de conscience. Elle est assurément affaire de pratique personnelle [quête du *divin*] et suppose aussi, comportant des manifestations extérieures, de bons rapports collectifs [car l'homme vit en société].

Dès lors, la liberté de conviction et la contrainte par une police des cultes qui la réglemente sont antinomiques !

La liberté de conviction cerne la conscience et détermine un processus moral et cognitif qui fait ainsi éclater les fausses croyances, vides de sens et irrationnelles. C'est Allah qui décide d'octroyer la Lumière du *Dīne* à qui Il veut parmi Ses créatures.

« Nous l'avons [Homme] guidé dans le chemin [qu'il soit reconnaissant ou ingrat]. » (Coran, 76-3)

Intellectuellement, lorsque l'Homme daigne se poser la question du sens de son existence et concevoir une morale religieuse, le Coran lui permet l'économie du rapport d'incompréhensibilité : la vérité active l'emporte toujours sur la fausseté habile. C'est ainsi que le *chemin de l'errance* se distingue du *droit chemin*.

« Par ceci [Coran,], Allah guide aux chemins du salut ceux qui cherchent Son agrément. Et Il les fait sortir des ténèbres à la lumière par Sa grâce. Et Il les guide vers un chemin droit [le monothéisme de l'Islam]. » (Coran, 5-16)

VIII - Pratiques du Dīne

A - Çalāt

Dhikr, que nous avons déjà évoqué, désigne en arabe la remémoration puis, par extension, l'observation du souvenir sous forme de *Çalāt* [« *prière* »], dans le dessein de rendre gloire à Allah.

« *Certes, c'est Moi Allah : Lā īlāhā īllā Ana [pas de divinité à part Moi]. Adore-Moi donc et accomplis la Çalāt pour te souvenir de Moi.* » (Coran, 20-14)

Fondée sur les prescriptions du Coran, la *Çalāt* est un souvenir d'Allah. Elle n'est pas séparable de la totalité de l'expérience religieuse. Elle est l'expression même qui donne une forme articulée au contact sublime avec le divin ou le sacré. La Çalāt, qui a été prescrite à heure régulière à l'Homme dès son origine, est bien l'une des caractéristiques de la religiosité inhérente à la nature humaine : sa *périodicité*.

« *Il ne leur a été commandé, cependant, que d'adorer Allah, Lui vouant un culte exclusif, d'accomplir la Çalāt et d'acquitter la Zakāt [« taxe purificatrice légale »]. Et voilà le Dīne de droiture.* » (Coran, 98-5)

De plus, la Çalāt alimente et discipline le *Nāfs* [« *Âme* »] afin qu'il acquiert certaines aptitudes, dont la plus distinguée est la *patience* ou *Çābīr*.

« *Et cherchez aide dans la patience* [*Çābīr*] *et la Çalāt : certes, la Çalāt est une lourde et dure obligation, sauf pour les Kāshīyn* [*humbles*]… » *(Coran, 2-45)*

« *Ô vous qui croyez ! Cherchez secours dans la patience* [*Çābīr*] *et la Çalāt. Car Allah est avec les Çābīrīyn* [*patients, endurants*]. » *(Coran, 2-153)*

De plus, la Çalāt est un remède contre la turpitude et un traitement à l'encontre des fausses croyances.

« *Récite* [*ô Moūhammad*] *ce qui t'est révélé du Livre* [*le Coran*] *et accomplis la Çalāt. En vérité la Çalāt préserve du Fāhshā* [*turpitude*] *et du Moūnkār* [*tout ce que l'Islam prohibe*]. *Le rappel d'Allah est certes ce qu'il y a de plus grand. Et Allah sait ce que vous faites.* » *(Coran, 29-45)*

C'est précisément parce qu'elle est une expression gestuelle et verbale [à horaire fixe], c'est-à-dire une expression ordonnée comme langage de l'être, que la Çalāt est représentative des manifestations de la relation de l'Homme avec une transcendance.

« *Soyez assidus aux* [*cinq*] *Çalāwāt* [*sing. Çalāt*] *et surtout la Çalāt médiane* [*Āçr*] *et tenez-vous devant Allah avec humilité.* » *(Coran, 2-238)*

Envisagée dans un esprit phénoménologique, la Çalāt apparaît comme naissant d'un besoin poussant la créature vers son Créateur. Par ses invocations, ses arguments, bref par son langage même, la Çalāt précise la faiblesse humaine. Grâce à la Çalāt, le besoin du rapprochement vers le divin se structure en un apaisement du *Nāfs*, conscient de la *Rencontre Ultime* avec Allah *al-Yāwm al-Qiyāma* [« *le Jour du Jugement/Résurrection* »].

« *ceux qui ont cru* [*en l'Unicité d'Allah et ont suivi le pur monothéisme de l'Islam*], *et dont les cœurs se tranquillisent à l'évocation d'Allah*». *N'est-ce pas à l'évocation d'Allah que les cœurs se tranquillisent ?* » *(Coran, 13-28)*

La Çalāt est un acte noble. La considérer seulement sous la forme d'un office obligatoire lui ôte toute sa valeur. En effet, Allah n'a que faire d'une Çalāt dévote d'un humain puisque les *Malāyka* sont plus aptes à remplir cette fonction. La Çalāt appartient à un comportement pris dans son ensemble. Ainsi, le respect de la dignité de la condition humaine, l'abnégation envers l'humanité, l'action sociale, la quête de la connaissance doivent former le corollaire de la Calāt. Sans cela, cette dernière est sans valeur et n'est que pure ostentation.

« *Certes, ceux qui ont cru, ont fait de bonnes œuvres, accompli la Çalāt et acquitté la Zakāt, auront leur récompense auprès de leur Seigneur…* » *(Coran, 2-277)*

« *Ce qui empêche leurs dons d'être agréés, c'est le fait qu'ils n'ont pas cru en Allah et Son Messager, qu'ils ne se rendent à la Çalāt que paresseusement, et qu'ils ne dépensent* [*dans les bonnes œuvres*] *qu'à contrecœur.* » *(Coran, 9-54)*

B - Çyam

« [Ces jours sont] le mois de Rāmadān au cours duquel le Coran a été descendu comme guide pour les humains et preuves claires de la bonne direction et du discernement [entre le vrai et le faux]. Donc, quiconque d'entre vous aperçoit [le croissant lunaire la première nuit] du mois [de Rāmadān, c'est-à-dire qui est présent à la maison et non en voyage], qu'il observe le Çyam [« Jeûne »] ! Et quiconque est malade ou en voyage, alors qu'il jeûne un nombre égal d'autres jours. Allah veut pour vous la facilité, Il ne veut pas la difficulté pour vous, afin que vous en complétiez le nombre et que vous proclamiez la grandeur d'Allah pour vous avoir guidés, et afin que vous soyez reconnaissants ! » (Coran, 2-185)

Le neuvième mois lunaire du calendrier hégirien est *Ramadan*. Mois sacré par excellence où le Coran est révélé. Chaque jour, le *Çyam* [jeûne] débute lors de la clarté de l'aube et prend fin à l'obscurité de la nuit. Ce jeûne cesse lorsque l'apparition du premier quartier de la lune suivante est dûment constatée[66].

La validité du Çyam est sujette à l'*intention* [*Nīyā*] de l'effectuer, et à l'abstention de tout ce qui pourrait le rompre [*Moûftīrāt*], c'est-à-dire l'absence totale de nourriture, de boisson et de relations sexuelles. Ces prescriptions sont levées chaque soir lors de la rupture du Çyam. Tout musulman sain d'esprit, une fois la puberté atteinte, est tenu d'accomplir le Çyam. Une dispense est bien entendu autorisée aux malades, aux personnes âgées, à la femme réglée ou enceinte, à la

---

[66] « CORAN, 2-187 »

nourrice et au voyageur. Pour les uns [malades], ils doivent compenser le Çyam par des aumônes, pour les autres, ils sont ensuite tenus de remplacer scrupuleusement les jours omis, dès qu'ils le peuvent au cours de l'année. La valeur de cette rigueur du Çyam, à l'instar de la Çalāt, affirme la portée proprement « ascétique » et purificatrice de la spiritualité du pur monothéisme qui garde tout son vrai sens. Il s'agit de combattre les passions et de rapprocher son *Nāfs* d'Allah.

C - *Hajj*

Il a été prescrit au Musulman d'accomplir le *hajj* [*hājj* - pèlerinage à la Mecque] au moins une fois dans son existence s'il est sain d'esprit, s'il dispose des moyens physiques [santé], financiers et surtout qu'il puisse l'effectuer en toute sécurité [organisation et gestion matérielle et humaine -aménagement, structures des lieux, démographie, densité et éducation des pèlerins, etc.-]. C'est un fait important de l'expérience *dīnique* [religieuse].

« ...*Et aller faire le hajj de la maison* [*la Ka`ba*] *est un devoir envers Allah pour les humains qui en ont les moyens ;...* » *(Coran, 3-97)*

Outre sa portée spirituelle, il s'agit pour l'Homme [musulman] du retour au berceau archéologique et anthropologique de l'Humanité[67] et au *Dīne* originel, acte divin fondateur de l'Islam.

---

[67] Nas E. Boutammina, « L'Homme, qui est-il et d'où vient-il ? - Volume II », Edit. BoD, Paris [France], octobre 2010.

« *Certes, la première Maison [de culte] qui a été édifiée pour les humains [gens], c'est bien celle de Bakka [Makka ou la Mecque], bénie et servant de bonne direction pour les Hālamīyn [Univers, Humain, Jinn et tout ce qui existe autre qu'Allah].* » *(Coran, 3-96)*

Normalement, ce pèlerinage doit être marqué, dans l'espace et dans le temps, par des traits patents extraordinaires. Il équilibre la vie d'un exister *dīnique*, ouvrant une autre voie d'accès à la rencontre d'une présence, ô combien spirituelle, d'une réalité sacrale unique !

Le Hājj qui pérennise le culte *hādāmique* comme premier mode d'adoration, incarne l'unité du genre humain vouant l'universalité d'un pur monothéisme à l'Unicité d'Allah ou *Tāwhīd*. En effet, le hajj est par excellence le symbole concret des retrouvailles des enfants d'Hādām qui, jadis dispersés à travers le monde, se rassemblent dans les lieux et autour de la Maison native, la *première Mosquée de l'Humanité*, la Ka`ba, édifiée par *Hādām, premier Messager d'Allah* ! Voilà ce que doit être réellement le Hajj.

« *Allah a institué la Ka`ba, la Maison sacrée comme un lieu de rassemblement pour les humains [gens]. [Il a institué] le mois sacré, l'offrande [d'animaux] et les guirlandes, afin que vous sachiez que vraiment Allah sait tout ce qui est dans les cieux et sur la terre ; et que vraiment Allah est Omniscient.* » *(Coran, 5-97)*

IX - Cité et Civilisation monothéistes

A - *Cité du monothéisme : société musulmane*

« *Telle était la loi [Islam] établie par Allah envers ceux qui ont vécu auparavant et tu ne trouveras pas de changement dans la loi d'Allah [Islam]* » *(Coran, 33-62)*

Dans l'absolu, la *cité monothéiste* se définit comme souveraine sur la communauté des citoyens responsables qui la constituent, cimentée par l'Islam et régie par la *Shāriha* [*Loi*]. Celle-ci préconise la participation effective de tout membre composant le corps social. De ce point de vue, la société musulmane est une *démocratie véritable* puisque la *Shāriha* est *isonomique*, c'est à dire *égale pour tout le monde*. Celle-ci représente la possibilité effective pour chaque homme de participer au pouvoir. La conception islamique des institutions, qui annonce la société monothéiste est donc essentiellement logique, rationnelle, scientifique dirons-nous.

L'Islam établit des principes fondamentaux comme celui d'un *conseil* ou d'une *assemblée de consultation* ou *Shoūwrā*, recommandée aux gouvernants par le Coran et aux citoyens entre eux[68], assurant le bon fonctionnement des institutions.

---

[68] « CORAN, 3-159 ; 42-38 »

Encore une fois, dans l'absolu, la *Shāriha* est un prototype [pénal, civil, testamentaire, commercial] dont l'ébauche est actuellement en vigueur dans le monde[69], possède une vocation égalitaire par excellence. L'Islam proclame l'existence d'une *identité humaine* qui se traduit par la piété et les nobles sentiments, seuls critères de manifestation de la supériorité de valeur qu'un individu a sur un autre.

« Ô hommes ! Nous vous avons créés d'un mâle et d'une femelle, et Nous avons fait de vous des nations et des tribus, afin que vous vous connaissiez mutuellement. Certes, le plus noble

---

[69] NAPOLEON BONAPARTE [1769-1821] lors de la *Campagne d'Égypte* [1798] fit consigner par le Doyen de l'Université d'Al-Azhar [Caire - Egypte], le Cheikh El-Messiri, la rédaction d'un traité de Droit [*Code civil, Code pénal, Code testamentaire*, etc.] prototype de ce qui sera nommé plus tard « *Code Napoléon* » [1804]. N. BONAPARTE donne au Cheikh les grandes lignes suivantes : « L'Empereur au divan général d'Égypte : « *Première question. Quelle serait la meilleure organisation à donner aux divans des provinces, et quels appointements faudrait-il définitivement fixer ?*
Deuxième question. Quelles lois serait-il à propos de faire pour assurer l'hérédité et faire disparaître tout l'arbitraire qui existe dans ce moment-ci ?
Troisième question. Quelle organisation faut-il établir pour l'administration de la justice civile et criminelle ?
Quatrième question. Quelles idées d'amélioration peuvent-ils donner, soit pour l'établissement des propriétés, soit pour la levée de l'imposition ? ».
« Lettre 3148, au Cheik EL-MESSIRI, Caire 28 août 1798. Correspondance de Napoléon Ier - Publiée par ordre de Napoléon III. Imprimerie Impériale, Paris »
Le *divan* ou *diwan* définit un important secteur de l'administration [impôt, chancellerie, justice, etc.], ainsi qu'un conseil ou assemblée représentant les savants et les oulémas qui se consultent des affaires juridiques, sociales et politiques qui aboutissent à une décision.

d'entre vous, auprès d'Allah, est le plus pieux. Allah est certes Omniscient et grand Connaisseur. » (Coran, 49-13)

Les hommes vivent en société, or c'est dans le monothéisme que la société humaine prend tout son sens. Cet espace familier dans lequel s'inscrivent toutes les pratiques et les représentations [qu'elles soient individuelles ou collectives] révèle la réalité d'un système de relations d'ordre politique, économique, cultuel et plus généralement culturel. Se voulant plus proche de la réalité, la société musulmane s'attache essentiellement à la cohésion des individus et, à leur échelle, pose le lien [le but et la finalité de l'existence] qui les constitue et les unifie. De ce fait, les niveaux structurés des réseaux de relations et les paramètres sociologiques s'inscrivent dans une totalité authentique, celle de la *société musulmane globale*. Celle-ci, unité concrète que les sujets distinguent, dans l'intensité même des relations qui les unissent et les opposent ; comme ordre ultime du sens, et donnant à chacun l'identité de son appartenance à l'*Un*.

« Les humains [gens] formaient [à l'origine] une seule communauté [croyante]. Puis [après leurs divergences], Allah envoya des Anbīyā [ou Nbīyā - Prophètes] comme annonciateurs et avertisseurs ; et il fit descendre avec eux le Livre contenant la vérité, pour régler parmi les gens leurs divergences… » (Coran, 2-213)

B - L'Etat

Les difficultés que le langage éprouve à concevoir l'*État* dans la société islamique proviennent de ce qu'il n'appartient pas à l'univers des phénomènes concrets. En effet, l'Etat est d'ordre conceptuel, il incarne une idée. Si l'État est un concept, il n'existe que parce qu'il est pensé. C'est dans sa raison d'être que réside son essence. Allah a constitué l'État afin que l'homme puisse coexister en harmonie avec ses semblables.

L'idée de l'État provient du souci d'affirmer des rapports d'*autorité à obéissance*, plutôt que des relations personnelles de *dirigeant à dirigé*. En conséquence, l'État est le support d'un pouvoir qui dépasse la volonté individuelle des personnalités dirigeantes car au-dessus d'elles existe une Autorité Suprême qui les transcende : celle d'Allah !

La caractéristique éclectique de l'État associe dans une même notion des éléments matériels tels que la population, le territoire et un élément spirituel, la Puissance souveraine d'Allah. En effet, la société est considérée comme un *dépôt* sous la responsabilité de ceux qui la dirigent. La nature spécifique d'*al-Yāwm al-Qiyāma* [« *le Jour du Jugement/Résurrection* »] et son aspect terrifiant est un *garde-fou*[70], garant du bon fonctionnement de la cité monothéiste. L'Islam, prônant que tout individu aura à rendre compte de ses actes, étend cette directive aux institutions et donc à ceux qui la dirigent, également sous la règle de la *Justice divine*.

« Allah n'impose à aucun Nāfs [« Âme »] une charge supérieure à sa capacité. Il [Nāfs] sera récompensé du « bien » qu'il aura fait, puni du « mal » qu'il aura fait… » (Coran, 2-286)

---

[70] *Garde-fou*. Au figuré, ce qui empêche de faire des actions délictueuses, des méfaits, des inexactitudes, etc.

Le *pouvoir temporel*, c'est à dire l'Etat et ses institutions, lui-même est sous l'autorité d'Allah. En effet, la responsabilité du [ou des] représentant [s] est intimement et proportionnellement liée à son implication dans les rouages existentiels de la société [conventions, hommes, biens, etc.] qu'il gère.

« *Ce jour-là [al-Yāwm al-Qiyāma], chaque Nāfs sera rétribué selon ce qu'il aura acquis...* » *(Coran, 40-17)*

C - L'Education

L'Islam conçoit l'*éducation* comme inhérente à la nature humaine. Allah n'a-t-Il pas éduqué le père de l'Humanité, *Hādām* ? C'est l'Islam qui a vulgarisé l'éducation et véhiculé la culture, créant plus tard [IXe siècle] la *Civilisation de l'Islam Classique* [*CIC*], fondement des sociétés contemporaines[71]. L'Islam encourage la culture [la littérature, les sciences, les arts, etc.] afin que l'Homme s'instruise au grand *Livre de l'Univers* qui ne demande qu'à être ouvert.

« *Nous leur montrerons Nos signes dans l'Univers et en eux-mêmes, jusqu'à ce qu'il leur devienne évident que c'est cela [le Coran] la vérité. Ne suffit-il pas que ton Seigneur soit témoin de toute chose ?* » *(Coran, 41-53)*

L'éducation ainsi propagée n'est plus le domaine exclusif de quelques privilégiés qui commentent et dirigent le monde à leur manière. Tout homme est doué d'intelligence, et c'est à

---

[71] NAS E. BOUTAMMINA, « Comprendre la Renaissance - Falsification et fabrication de l'Histoire de l'Occident », Edit. BoD, Paris [France], avril 2015. 2ᵉ édition.

ce titre qu'il développe sa raison, en vue du discernement de la Vérité et de son affranchissement des jougs de la fausseté, de l'ignorance, de la superstition et de la tyrannie des despotes. Ainsi éduqué, il acquiert la liberté et l'esprit critique qui sont le corollaire de la compréhension du *Dîne* [*croyance*] et par conséquent de sa pratique effective !

Allah encourage le Savoir [Science] et rend hommage à l'homme qui est en quête du savoir, qui pense, qui se cultive, qui médite, qui s'adonne à la réflexion. Mais Il abhorre celui qui ne raisonne pas. Ainsi, dans le Coran, les appels et exhortations à la réflexion sont multiples :

« Les pires des bêtes auprès d'Allah, sont [en vérité], les sourds-muets qui ne raisonnent pas » (Coran, 8-22)

« Et c'est Lui qui a assigné une alternance à la nuit et au jour pour quiconque veut y réfléchir ou montrer sa reconnaissance. » (Coran, 25-62)

« En effet, Nous avons rendu le Coran facile pour la méditation [réflexion]. Y a-t-il quelqu'un pour réfléchir ? » (Coran, 54-17)

Allah souligne par le verset ci-dessus que le Coran n'est pas un Livre ésotérique ou hermétique où est dissimulé un enseignement ou une doctrine occulte incompréhensible pour ceux qui n'appartiennent pas à un groupe restreint d'initiés [*Ordre des Traditionnistes : Uléma, Mufti, Imam, Cheikh, Saint*] qui se transmettent leurs textes.

Allah a fait en sorte que le Coran soit un outil de la réflexion. Ainsi, tout individu qui fait l'effort de concentrer sa pensée sur le contenu coranique peut trouver des réponses à une question donnée [ontologique, scientifique, etc.].

C'est le résultat obtenu par les illustres musulmans qui créèrent les Sciences et les Techniques[72] pour le bien-être de la société. En définitif, et c'est ce qui ressort de ce verset [54-17], en absence de déficience mentale, nul besoin d'un intermédiaire [*Traditionniste : Uléma, Muftii, Imam, Cheikh, Saint*] pour saisir le sens du texte coranique et d'en tirer profit[73].

Répétons-le, le Coran est un extraordinaire et considérable outil réflexif !

D - L'Economie

« *La course aux richesses vous distrait,* » *(Coran, 102-1)*

« *jusqu'à ce que vous visitiez les tombes [jusqu'à votre enterrement]* » *(Coran, 102-2)*

« *Mais non ! Vous saurez bientôt !* » *(Coran, 102-3)*

« *[Encore une fois] Vous saurez bientôt !* » *(Coran, 102-4)*

---

[72] NAS E. BOUTAMMINA, « Les ennemis de l'Islam - Le règne des Antésulmans - Avènement de l'Ignorance, de l'Obscurantisme et de l'Immobilisme », Edit. BoD, Paris [France], février 2012.

[73] Malheureusement, ceux qui se disent « *musulmans* » depuis le XIVe siècle ont abandonné l'Islam et le Coran à la *Ploutocratie* et aux *Traditionnistes* [ou *Plouto-Traditionnistes*] qui se sont arrogés le droit de diriger l'existence temporelle et spirituelle des *musulmans* et de contrôler la destinée de leur société. Le constat est un état de dégénérescence [mentale, socioculturelle, etc.] qui les a conduit inexorablement à la ruine de leur société et à la pétrification de leur croyance : l'*Islam* !

« Si seulement vous saviez de science certaine [les conséquences de l'amassement de biens illicites, des futilités mondaines] » (Coran, 102-5)

« Vous verriez certes Jahānāmā [« Enfer », « Fournaise »] » (Coran, 102-6)

« Puis vous la verriez certes avec l'œil de certitude. » (Coran, 102-7)

« Puis assurément vous serez interrogé, ce jour-là, sur les délices [de ce bas-monde] » (Coran, 102-8)

L'économie, les finances et la richesse représentent l'une des assises primordiales de toute société. Elles demeurent l'un des fléaux de l'Humanité et la pierre angulaire du *Shaytānisme*. Mais les fondements économiques préconisés par l'Islam sont la mise en œuvre de la richesse et sa distribution au plus grand nombre d'individus.

« et dans leurs biens, il y avait un droit au Sā'il [mendiant] et au Māhroūm [déshérité]. » (Coran, 51-19)

La richesse ne doit en aucune manière être immobilisée et monopolisée par une poignée d'individus, elle doit constamment circuler entre tous les individus. L'Islam considère l'économie comme un concept dynamique et universel, basé sur le libre-échange de produits concrets et s'oppose fondamentalement au *libéralisme spéculatif.*

« Et ne dévorez pas mutuellement et injustement vos biens [par des voies illicites, illégales, tels que le vol, le détournement des deniers publics, la tricherie, etc.], et ne vous en servez pas pour

corrompre des juges afin de vous permettre de dévorer une partie des biens des gens injustement et sciemment. » (Coran, 2-188)

L'économie doit posséder une cohérence, une rationalité et une éthique interne. À la lumière de l'Islam, il apparaît que l'*économie* [capital, finance, banque] s'équilibre et ne doit aliéner ni le détenteur des moyens de production, ni la population active pour ses services, ni les dirigeants pour leur fonction. Le premier ne doit pas se voir investi d'une autorité politique monétaire, budgétaire et fiscale qui l'identifie aux pouvoirs publics et le second [qui représente la masse] ne doit pas être asservi, placé dans une sinistre situation de domination [darwinisme social, précarité, chômage, endettement, etc.][74].

« Allah a favorisé les uns d'entre vous par rapport aux autres [dans la répartition] de Ses dons. Ceux qui ont été favorisés, ne sont nullement disposés à donner leur portion à ceux qu'ils possèdent de plein droit au point qu'ils y deviennent associés à part égale. Nieront-ils donc les bienfaits d'Allah ? » (Coran, 16-71)

L'Islam définit la richesse comme étant certes, des biens matériels, mais également des services indispensables à l'existence et au bien-être de chaque humain. De ce fait, la richesse est ce qui satisfait un besoin, cette fonction de satisfaction caractérisant sa seule utilité.

« … Et ils t'interrogent : « Que doit-on dépenser [en Çādāqā - aumône] ? » Dis : « Ce qui reste [après satisfaction] de vos

---

[74] « Coran, 62-9/10 ; 63-9 »

besoins. Ainsi Allah vous explique Ses versets afin que vous méditiez,» (Coran, 2-219)

Dès lors, la valeur des biens et des services étant représentée par des concepts, elle n'a de sens qu'à travers l'échange. Ce qui est économique, c'est justement ce qui est capable d'échange. L'acte économique apparaît comme tel, uniquement quand il y a passage et mouvements des biens entre les hommes.

« Au [débiteur] qui est dans la gêne, accordez un sursis jusqu'à ce qu'il soit dans l'aisance. Mais il est mieux pour vous de faire remise de la dette par charité ! Si vous saviez ! » (Coran, 2-280)

Allah maudit ceux qui thésaurisent, amassent, capitalisent l'argent [sic].

« Ô vous qui croyez ! Beaucoup de rabbins et de prêtres dévorent les biens des gens illégalement et [leur] obstruent le sentier d'Allah. A ceux qui thésaurisent l'or et l'argent [qui ne prélèvent pas leur Zakāt] et ne les dépensent pas dans le sentier d'Allah, annonce un châtiment douloureux,» (Coran, 9-34)

« le jour où ces [Kānz - trésors] seront portés à l'incandescence dans le Nār al-Jahānāmā et qu'en seront brûlés leurs fronts, leurs flancs et leurs dos : voici ce que vous avez thésaurisé pour vous-mêmes. Goûtez donc de ce que vous thésaurisiez. » (Coran, 9-35)

Tout transfert, aussi élémentaire soit-il, suppose deux sujets en présence. L'*acte économique* est donc un acte dichotomique et social. C'est pour codifier ce type d'action que l'Islam établit les *Sciences économiques*[75] et le *Droit commercial* [traité économique, contrat de travail, circulation des biens, encouragement à la donation[76], etc.].

« Ô vous qui croyez ! Quand vous contractez une dette à échéance déterminée, mettez-là en écrit ; et qu'un scribe l'écrive, entre vous, en toute justice ; un scribe n'a pas à refuser d'écrire selon ce qu'Allah lui a enseigné ; qu'il écrive donc, et que dicte le débiteur : qu'il craigne Allah son Seigneur et se garde d'en rien diminuer. Si le débiteur est gaspilleur ou faible ou incapable de dicter lui-même, que son représentant dicte alors en toute justice. Faites en témoigner par deux témoins d'entre vos hommes ; et à défaut de deux hommes [disponibles], que ce soit alors un homme et deux femmes d'entre ceux que vous agréez comme témoins, en sorte que si l'une d'elles s'égare, l'autre puisse lui rappeler. Et que les témoins ne refusent pas quand ils sont appelés [pour le témoignage]. Ne vous lassez pas d'écrire la dette, qu'elle soit petite ou grande, ainsi que son terme : c'est plus équitable auprès d'Allah, et plus droit pour le témoignage, et plus susceptible d'écarter les doutes. Mais s'il s'agit d'une marchandise présente que vous négociez entre vous, dans ce cas, il n'y a pas de péché à ne pas l'écrire. Mais prenez des témoins lorsque vous faites une transaction entre vous ; et qu'on ne fasse aucun tort à aucun scribe ni a aucun témoin. Si vous le faisiez, cela serait une perversité en vous. Et craignez Allah. Alors Allah vous enseigne et Allah est Omniscient. » (Coran, 2-282)

---

[75] A.R. IBN KHALDUN (1332-1406), « *Al-Muqaddima* [Les Prolégomènes ou Introduction] ». M. IBN KHALDUN invente les Sciences Humaines qui regroupent les disciplines suivantes : l'ethnologie, l'histoire, la psychologie, l'économie et la sociologie.

[76] « CORAN, 4-4 »

S'il peut exister une science économique semblable à celle qu'a su mettre en œuvre l'Islam, il demeure que toute idée de finalité, et c'est là son originalité, ne peut être définitivement absente de la science économique : l'objet de la science économique doit répondre à un but conscient. Allah, par la connaissance totale et parfaite de la nature profonde de l'Homme [et de surcroît l'*homo economicus*], ordonne ses affaires et celles du monde. D'où l'idée de l'*héritage*[77] ou *législation testamentaire*, de la *Zakāt* ou *taxe de purification de la richesse* et l'interdiction de l'*usure* ou *Rībā*.

« *Allah anéantit le Rībā et fait fructifier les Çādāqāt. Et Allah n'aime point tout mécréant pécheur.* » *(Coran, 2-276)*

La *Zakāt*, terme dont la racine arabe signifie *purifier*, désigne l'aumône, qui est en effet considérée comme purifiant celui qui la fait de tout ce qu'il a acquis [transaction commerciale, revenu professionnel, etc.].

« *… et acquittez la Zakāt…* » *(Coran, 2-43)*[78]

La *Zakāt*, « *taxe purificatrice légale* » ou « *taxe canonique aumônière* » ou encore « *impôt sur le capital* », est une contribution, en nature ou en espèce, acquittée par le musulman et destinée à entretenir un fonds de secours ou d'aide mutuel et même à couvrir certaines dépenses d'intérêt public [école, Université, hôpital, orphelinat, recherche scientifique, etc.].

---

[77] « Coran, 2-180 ; 4-7 »
[78] « Coran, 2-83, 110, 277… »

Dans le commandement de la Zakāt et dans les règles de sa répartition, on découvre une véritable doctrine de l'*assistance sociale* qui est bien en avance et beaucoup plus édifiante que la *Sécurité sociale* contemporaine.

Quant à l'interdiction du *Rībā*, elle est la combinaison de trois préceptes : l'engagement à terme, la condition aléatoire et la rémunération prédéterminée du capital. De ce fait, le terme *intérêt* ou *usure* est une interprétation imparfaite du mot *Rībā*[79].

« *Ceux qui consomment le Rībā [l'intérêt usuraire] ne se tiendront [al-Yāwm al-Qiyāmā] que comme se tient celui que le toucher de Shaytân a bouleversé. Cela parce qu'ils disent :* « *Le commerce est tout à fait comme le Rībā* ». *Alors qu'Allah a rendu licite le commerce, et illicite le Rībā…* » *(Coran, 2-275)*

E - *La famille*

La *famille* se définit comme groupe d'individus de même parenté vivant sous le même toit. Par extension, il désigne le groupe de ceux qui sont unis par la filiation, c'est-à-dire l'ensemble des personnes ayant un lien de parenté, de descendance. L'Islam considère la famille et la vie familiale

---

[79] La rémunération des prêts d'argent n'est autorisée que sur les bénéfices que le prêt génère et dans une proportion équitable entre l'apporteur de capitaux et l'apporteur de travail. S'il n'y a pas de bénéfices, sans faute du débiteur, par exemple du fait de la survenance d'un aléa [*Ghārar*], les effets de cet aléa ne doivent pas être supportés par le débiteur seul mais par l'ensemble des parties au contrat. Dans tous les cas, la rémunération ne peut être prédéterminée, par référence au capital prêté ; elle ne peut être qu'un pourcentage, convenu d'avance, sur le résultat qui apparaîtra en fin d'opération.

comme un élément fondamental de l'existence humaine et par extension, une institution microcosmique représentative de la société. Ainsi, si la famille repose sur une base stable et saine, la société repose également sur une base stable et saine. De ce fait, la famille est le reflet de la société.

« Ô hommes ! Craignez votre Seigneur qui vous a créés d'un seul être [Hādām], et a créé de celui-ci son épouse, et qui de ces deux là a fait répandre [sur la terre] beaucoup d'hommes et de femmes. Craignez Allah au nom duquel vous vous implorez les uns les autres [vous demandez vos droits mutuels], et craignez de rompre les liens du sang [les relations de parenté]. Certes Allah vous observe parfaitement. » (Coran, 4-1)

L'Islam innove et structure cette institution, qu'est la famille, en établissant pour elle des normes juridiques, en lui inculquant des devoirs et des droits. Ainsi, la famille se constitue juridiquement. Au préalable, elle débute par une *demande en mariage* : la *liberté de choix [de l'épouse et de l'époux] est primordiale* !

Puis, par un *contrat de mariage* entre un homme et une femme. Ces derniers sont soumis à des obligations, des règles tant mutuelles que vis-à-vis de leurs progénitures : cohabitation dans la même demeure, satisfaire les besoins usuels [alimentaire, vestimentaire, santé, etc.], fournir une éducation aux enfants et assurer leur sécurité.

« Nous avons commandé à l'homme [la bienfaisance envers] son père et sa mère. Sa mère l'a porté, [subissant pour lui] peine sur peine ; son sevrage a lieu à deux ans. Sois reconnaissant envers

Moi ainsi qu'envers Tes parents. Vers Moi est la destination. » (Coran, 31-14)

« Et parmi Ses signes Il a créé de vous et pour vous, des épouses pour que vous viviez en tranquillité avec elles, Il a mis entre vous de l'affection et de la bonté. Il y a en cela des preuves pour des gens qui réfléchissent. » (Coran, 30-21)

De plus, l'Islam révolutionne le système familial qui était en vigueur à l'époque en limitant foncièrement le nombre d'épouses, mais ceci doit être une *exception ultime*. L'Islam insiste et institue la *monogamie* comme plus inhérente à la nature affective de l'homme et la reconnaissance filiale [paternelle] de l'enfant né[80].

« Allah n'a pas placé en l'homme deux cœurs dans sa poitrine. Il n'a point assimilé à vos mères vos épouses [à qui vous dîtes en les répudiant par le Zīhār] : « Tu es [aussi illicite] pour moi que le dos de ma mère ». Il n'a point fait de vos enfants adoptifs vos propres enfants. Ce sont des propos [qui sortent] de vos bouches. Mais Allah dit la vérité et c'est Lui qui met [l'Homme] dans la bonne direction. » (Coran, 33-4)

« Appelez-les du nom de leurs pères : cela est plus équitable devant Allah. Mais si vous ne connaissez pas leurs pères, alors

---

[80] Prendre plusieurs épouses est donc une perversion, en ce sens qu'elle est une action qui détourne de sa vraie *nature* [mariage, famille, descendance] de la *normalité* [monogamie]. La polygamie a bien des égards n'est-elle pas une forme de *psychopathie* [*troubles de la sexualité* -addiction sexuelle, etc.-, *troubles psychotiques* -instabilité affective et/ou sexuelle, etc.] ? Il faut se poser la question si la polygamie était dans la nature humaine, pourquoi Dieu n'a-t-il pas octroyé à Hādām, le père de l'Humanité, plusieurs femmes pour peupler rapidement la Terre ?

considérez-les comme vos frères en Dîne ou vos alliés. Nul blâme sur vous pour ce que vous faites par erreur, mais [vous serez blâmés pour] ce que vos cœurs font délibérément. Allah, cependant, est Pardonneur et très Miséricordieux. » *(Coran, 33-5)*

L'Islam, tout comme il a ordonné la notion révolutionnaire du *contrat de mariage*, naturellement il a institué encore un concept radicalement nouveau, il s'agit du *divorce*[81] réciproque à l'amiable ou selon une procédure judiciaire sous les offices du *Cadi* ou *Kadi* [Juge, magistrat].

« *Mais s'ils [conjoints] se décident au divorce, [celui-ci devient exécutoire car] Allah est certes Audient et Omniscient.* » *(Coran, 2-227)*

La *dissolution du mariage* n'est prononcée et ne devient qu'effective qu'après un certain laps de temps. Un « *délai d'attente de trois menstrues* » [3 mois] est ainsi exigé pour pouvoir se remarier.

Ce temps accordé est nécessaire pour vérifier si la femme est en période de *grossesse* ou non afin d'établir la reconnaissance de l'enfant [paternité], le versement d'allocations [pension alimentaire, allocation de divorce], etc.

« *Et les femmes divorcées doivent observer un délai d'attente de trois menstrues [avant de se remarier] ;* … » *(Coran, 2-228)*

La vision de l'Islam est que la société naturelle incarnée par la cellule la plus élémentaire [la famille] renvoie, et par-là

---

[81] « Coran, 2-229/232 ; 33-28, 49 »

reflète, la société des échanges [tribu, clan, nation] étendue jusqu'aux dimensions de la cité, d'une région, d'un pays, de la terre entière !

« *Créateur des cieux et de la terre, Il vous a donné des épouses [issues] de vous-mêmes…* » *(Coran, 42-11)*

La communauté du mari et de la femme constituée par le fait qu'ils partagent quotidiennement le même toit, la même nourriture et élèvent ensemble leurs enfants indiquent la fraction minimale de tout groupe humain et la forme première de l'organisation sociale du *genre humain*. L'Humanité ne provient-elle pas de l'union d'un homme *Hādām* et de son épouse[82] ?

« *… lorsque celui-ci* [Hādām] *eut cohabité avec elle, elle conçut une légère grossesse, avec quoi elle se déplaçait* [facilement]. *Puis lorsqu'elle se trouva alourdie, tous deux invoquèrent leur Seigneur…* » *(Coran, 7-189)*

Cette construction à partir de la cellule familiale est le prototype en vigueur dans le *groupe humain*. Ce qui a existé de prime abord, c'est le *couple humain*, puis la société, cette totalité démographique [un certain nombre de familles, puis le clan, puis la cité]. La société *hādāmique*, dès l'origine, est donc fractionnée en unités qui s'englobent : les familles, nécessairement unies à l'intérieur d'une unité plus grande.

« *Ô hommes ! Nous vous avons créés d'un mâle et d'une femelle, et Nous avons fait de vous des nations et des tribus, afin*

---

[82] Le *mariage homosexuel* [ou *gay*] est une abomination mentale, ontologique et anthropologique.

que vous vous connaissiez mutuellement. Certes, le plus noble d'entre vous, auprès d'Allah est le plus pieux. Allah est certes Omniscient et grand Connaisseur. » *(Coran, 49-13)*

L'institution originelle de la *grande famille* ou *famille élémentaire hādāmique* est toute pénétrée de la structure culturelle et cultuelle qu'elle doit reproduire au sein de la société humaine plus universelle, afin d'établir des échanges.

Ainsi, l'unité familiale, d'un point de vue ontologique, représente l'unité du genre humain. Mais, inversement, le déséquilibre de l'un se répercute sur l'autre !

X - Rapport de l'Homme avec le divin

A la question fondamentale : *pourquoi l'Homme existe-t-il* ? Allah donne une réponse tout aussi fondamentale :

« *Je n'ai crée les Jinn et les Humains que pour qu'ils M'adorent* » *(Coran, 51-56)*

A - *Souvenir de la Rencontre d'Allah*

« *Dis* [*Ô Moūhammad à ces polythéistes qui t'interrogent sur ton Seigneur*] : « *Il est Allah, l'Unique.* » *(Coran, 112-1)*

« *Allah, Le Seul à être imploré* [*pour ce que nous désirons*]. » *(Coran, 112-2)*

« *Il n'a jamais engendré et Il n'a pas été engendré non plus.* » *(Coran, 112-3)*

« *Et nul n'est égal à Lui.* » *(Coran, 112-4)*

L'expression souvenir de la *Rencontre d'Allah* renvoie à la culture originelle de l'Humanité, pénétrée par l'affirmation monothéiste pure de l'Islam. *Aussi, la Rencontre d'Allah, le Créateur, est-elle une certitude* !

« *Allah est Celui qui a élevé* [*bien haut*] *les cieux sans piliers visibles. Il S'est établi* [*Istāwa*] *sur le Trône et a soumis le soleil et la lune, chacun poursuivant sa course vers un terme fixé. Il règle l'ordre [de tout] et expose en détail les Āyāt [preuves scientifiques, évidences, enseignements, Révélations, versets] afin que vous ayez la certitude de la rencontre de votre Seigneur. » (Coran, 13-2)*

« N'ont-ils pas médité en eux-mêmes ? Allah n'a créé les cieux et la terre et ce qui est entre eux qu'à juste titre et pour un terme fixé. Beaucoup d'humains [gens] cependant ne croient pas en la rencontre de leur Seigneur. » (Coran, 30-8)

Allah désigne à la fois le *Vivant*, l'*Absolu*, l'*Omniscient*, l'*Omniprésent*, le *Créateur*, l'*Auteur* de toutes choses, et à Lui tous les attributs sublimes ! Il a révélé *Son existence*, *Ses injonctions*, *Ses promesses* et *Ses menaces*, depuis Hādām [« *Adam* »] jusqu'au Raçoūl Moūhammad.

« Allah est le Wālīy [protecteur ou tuteur] de ceux qui ont la foi : Il les fait sortir des ténèbres pour la lumière. Quant à ceux qui ne croient pas, ils ont pour Āwlīyā [défenseurs, alliés] les Taghoūt [Rebelle -Iblīs-, idole, faux dieu, tyran, despote] qui les font sortir de la lumière pour les ténèbres. Voilà les gens du Nār [Feu] où ils demeurent éternellement. » (Coran, 2-257)

« Par ceci [le Coran], Allah guide aux chemins du salut ceux qui cherchent Son agrément. Et Il les fait sortir des ténèbres à la lumière par Sa grâce. Et Il les guide vers un chemin droit [le monothéisme de l'Islam] » (Coran, 5-16)

Le terme *Rāhmānoū*, est l'attribut d'Allah en tant qu'Il est « le *Tout Miséricordieux* » et prend soin de la destinée de toutes les créatures. Quant au mot *Rahīm*, il s'agit d'un autre attribut d'Allah en tant qu'il est « le *Très Miséricordieux* » envers les *Musulmans* et les *Moūwmīnīyn* [croyants]. Allah est le *Rāb* [Dieu, Seigneur], devant qui l'Homme est un *Hābd* [*serviteur[83]*].

Allah est le Seigneur des mondes, parce qu'il est *Khāliq* [Créateur] et qu'Il est *Rāzāq*, Il pourvoit aux besoins de Ses créatures. Il se suffit à Lui-même. Lui seul n'a besoin de rien ni de quiconque. Il est *Ghāni* [Riche] qui se dispense de tout, tandis que les créatures qui ont besoin de Lui sont *Foūqarā* [indigentes, pauvres].

« *Ô hommes, vous êtes les indigents ayant besoin d'Allah, et c'est Allah, Lui qui se dispense de tout et Il est le Digne de louange.* » *(Coran, 35-15)*

Aussi Allah est-Il *al-Qāyoūwm* [le Subsistant]. Il est donc absolument Transcendant. Il est *Āhād* [Unique], sans faille et donc *Sāmād* [Eternel], sans *Dīd* [contraire], sans *Āndād* [Pareil], sans *Koūfoū* [Egal]. Il n'a jamais engendré et Il n'a pas été engendré non plus : « *Lām yālīd wā lām yoūlād* ». Et nul n'est égal à Lui : « *wā lām yakoūn llahoū koufoūān Āhād* ». Comme Il le proclame Lui-même, Allah est le *Premier*, c'est-à-dire sans commencement, et le *Dernier*, c'est-à-dire sans fin.

« *C'est Lui le Premier* [*sans commencement*] *et le Dernier* [*sans fin*], *l'Apparent et le Caché et Il est Omniscient.* » *(Coran, 57-3)*

---

[83] *Serviteur*. Ici, l'Homme qui a des devoirs, des obligations envers Dieu, qui est à son service. Par extension, celui qui engage toute son activité, son énergie, sa *religiosité* au service des directives divines [cause, œuvre, etc.].

Tout vient de Lui [*Yābdāoū al-khālq*], car Il fait la création, sans modèle, puis Il la refait. Et c'est vers Lui que tout doit retourner.

« C'est vers Lui que vous retournerez tous : c'est là, la promesse d'Allah en toute vérité ! C'est Lui qui fait la création une première fois puis la refait [en ressuscitant la créature] afin de rétribuer en toute équité ce qui ont cru [en l'Unicité d'Allah en suivant le pur monothéisme de l'Islam] et fait de bonnes œuvres. Quant à ceux qui n'ont pas cru, ils auront un breuvage d'eau bouillante et un châtiment douloureux à cause de leur mécréance ! » (Coran, 10-4)

Le Coran cite les noms d'Allah qui sont les plus beaux noms : « *al-Asmā al-hoūsnā* ». Ceci afin que, par eux, l'Homme puisse L'*invoquer*, et parce que ces noms révèlent des attributs qui Le font, d'une certaine manière « *connaître* », Lui et Son *Tāwhid*. Quoi qu'il en soit, *Allah* est le nom sublime qui les synthétise tous !

« C'est à Allah qu'appartiennent les noms les plus beaux. Invoquez-Le par ces noms et laissez ceux qui profanent Ses noms : ils seront rétribués pour ce qu'ils ont fait. » (Coran, 7-180)

B - *Raçoūl Moūhammad : le modèle à suivre*

« En effet, vous avez dans le Messager d'Allah [Moūhammad] un excellent modèle [à suivre], pour quiconque espère en Allah et au Yāwm al-Lākhīrā [au Jour Dernier] et évoque Allah fréquemment. » (Coran, 33-21)

Le Raçoūl Moūhammad [570-632] fils de Abd Allah et d'Amina est, de tous les Messagers divins, celui qui est le mieux connu. Sa biographie [sa vie, ses mœurs] et sa nécrologie [sa sépulture] appartiennent au domaine de l'universel.

Très tôt dans sa jeunesse, le Raçoūl fut sensible aux conditions politiques, économiques et sociales de l'Arabie, surtout dans sa ville natale *Makka* [la Mecque]. Le rôle accordé à l'argent, qui sapait l'équilibre social, avec les valeurs tribales et communautaires qui lui étaient liées, provoquait en lui une sévère contestation.

Le Raçoūl remis en question les sectes aberrantes, les communautés philosophiques ou mystiques et surtout les religions polythéistes traditionnelles, peu satisfaisantes pour les aspirations nouvelles, ainsi que la vision matérialiste brutale du monde qui dominait chez les marchands mekkois. Dans le Coran, Allah dit :

« *Par le Temps !* » *(Coran, 103-1)*

« *l'homme est certes, en perdition,* » *(Coran, 103-2)*

« *sauf ceux qui croient et accomplissent les bonnes œuvres, s'enjoignent mutuellement la vérité et s'enjoignent mutuellement l'endurance.* » *(Coran, 103-3)*

Le Raçoūl est le Messager illettré, sans connaissance qui révéla l'Islam à l'Humanité et à la *Jinnité*[84]. Son rôle historique universel est le plus patent de l'histoire humaine.

---

[84] *Jinnité*. Ensemble des Jinn. Par extension, essence de l'être jinnien.

« *Ceux qui suivent le Raçoūl, le Nābīy illettré [Moūhammad]…* » *(Coran, 7-157)*

« *Dis [Ô Moūhammad] : « Ô hommes ! Je suis pour vous tous le Messager d'Allah, à Qui appartient la royauté des cieux et de la terre. Lā īlāhā īllā hoūwā [Pas de divinité digne d'adoration à part Lui]. Il donne la vie et il donne la mort. Croyez donc en Allah, en son Raçoūl [Moūhammad], le Nābīy illettré qui croit en Allah et en ses paroles [ce Coran]. Et suivez-le afin que vous soyez bien guidés.* » *(Coran, 7-158)*

« *Et tu ne leur demandes aucun salaire pour cela. Ce n'est là qu'un rappel adressé à Hālamīyn [Univers, Humain, Jinn et tout ce qui existe autre qu'Allah].* » *(Coran, 12-104)*

Le tempérament du Raçoūl et l'assistance d'Allah expliquent le succès de sa mission. Homme simple, il est issu d'une société en marge des grandes sociétés de l'époque mais plongée comme elles dans le chaos moral et spirituel de la *Jahiliya* [Ténèbres de l'ignorance, obscurantisme][85]. Le Raçoūl a su transformer intelligemment la mentalité des hommes et des femmes par une synthèse didactique : la *Révélation de l'Islam*. Au vu de son comportement, l'Islam captive et convainc d'abord son pays natal, puis, de nature universaliste, il attire de façon irrésistible toute une vaste zone du globe. Le Raçoūl manifesta aussi des dons humains remarquables. L'abnégation et la compassion en faveur de l'Humanité, à laquelle il appartient, était pour lui une seconde nature.

---

[85] « CORAN, 5-50 ; 3-154 »

« En effet, vous avez dans le Messager d'Allah [Moūhammad] un excellent modèle [à suivre]… » (Coran, 33-21)

Lorsqu'Allah dit du Raçoūl qu'il est un *excellent modèle* à suivre, Il souligne par-là les grandes valeurs humaines du Messager [abnégation, altruisme, compassion, gentillesse, sérénité, humilité, respect d'autrui, considération d'autres formes sociales, etc.]. Ce qu'Allah veut faire remarquer avec assistance, c'est que le Raçoūl est un *modèle de vertus*. Rien à voir avec une transformation de l'apparence extérieure à l'aide d'un costume [barbe, kamis, djellaba, etc.] de manière à se prendre pour un bédouin du VIIe siècle.

Par conséquent, il ne s'agit nullement de se déguiser en « Raçoūl » [s'affubler d'une barbe, d'une coiffe et d'une djellaba] et de s'afficher comme suiveur du modèle raçoūlien !

Ce type de « *modèle vestimentaire* » est par définition uniquement un aspect physique, une allure générale, un style ou comme l'on dirait de nos jours, un *look*. C'est ce genre de « *modèle* » aux antipodes de la *référence raçoūlienne*, qui a prévalu depuis plus de dix siècles et qui perdure.

Le Raçoūl appelait de tout son être l'Humanité à l'Islam pour que celle-ci s'unit et qu'elle puisse éviter sa perte *al-Yāwm al-Qiyāma* [« *le Jour du Jugement/Résurrection* »].

« Tu [Moūhammad] vas peut-être te consumer en chagrin parce qu'ils se détournent de toi et ne croient pas en ce discours ! » (Coran, 18-6)

La *condition de la dignité humaine* était l'assise de sa politique quand il devint chef politique et militaire. Il était intransigeant en matière *dīnique* lorsqu'il s'agissait d'appliquer les directives divines. Sa compassion, face au désarroi et à la faiblesse humaine, lui constitua une impressionnante personnalité qui rend sa biographie plus attachante.

Analphabète mais d'une vive perspicacité mentale, il a su délivrer le Message d'Allah et élever l'homme du VIe siècle des *Ténèbres* vers la *Lumière*. Il déploya toute son énergie pour abolir les mœurs effroyables de la société de son époque [esclavage, mentalité tribale, éthylisme, ignorance, mécréance, superstition, mythologie, etc.]. Il mit en place une autorité temporelle [l'Etat] sous l'égide du *Tāwhid* qui allait devenir l'épicentre social, culturel, cultuel et économique jamais suscité dans le monde. Sans instruction, mais prompt à la pensée rationnelle, il délivre l'Islam d'une manière particulièrement éclairée pour qu'éclose un jour [IXe siècle] un type d'hommes [fondateurs des Sciences] qu'Allah va gratifier en leur faisant découvrir l'intimité de leur être et les secrets de l'Univers.

L'avènement de la Science, de la haute moralité, bref de la société spirituelle du monothéisme vont être à l'origine d'une civilisation unique dans l'Histoire de l'Humanité. A l'époque contemporaine encore, où l'on perçoit l'incommensurable héritage légué à la postérité par la *Civilisation de l'Islam Classique* [*CIC*], incontestablement, le Raçoūl Moūhammad incarne au plus haut point l'Islam intelligent, l'Islam rationnel.

C - Hadith et Sunna

Avant la Révélation de l'Islam, le Raçoūl Moūhammad méditait en se livrant à des pratiques d'ascétisme. A l'avènement de l'Islam, l'*ascèse* fut définitivement abandonnée par le Raçoūl et son existence fut exclusivement vouée à la société et il participait à toutes les actions humaines.

Une part importante du succès du Raçoūl tient à sa personnalité et à son charisme. Une grande intelligence, une habileté et une ténacité remarquables ainsi qu'un sens très fin de l'homme et des situations s'exprime dans son œuvre : transmettre le Message de l'Islam.

En tant que *modèle de vertus* [et non *modèle vestimentaire*] le Raçoūl sert de référence aux hommes quelle que soit leur situation spatio-temporelle. Son exemple que rapportent le Coran et l'Histoire démontre de la clémence, de la longanimité, de la tolérance tandis qu'il était exigeant envers lui-même. Ses décisions ont été sages, libérales [surtout vis-à-vis des femmes] et progressives.

Les récits, propos ou communications sont désignés par le vocable, *Hadîth*[86]. Ce terme est donc utilisé pour signaler les dires et le comportement du Raçoūl. A ce propos, le Raçoūl a expressément interdit de transcrire ses paroles [*Aqwal*] ou ses faits et gestes [*Af'al*]. Cela, d'une part, pour une raison très

---

[86] *Hadith*. Ce terme est donc utilisé pour signaler les dires du Raçoūl. Au début, dans son sens le plus étroit, il se limitait aux communications orales faites par lui. Ensuite, on l'employa pour désigner toute tradition rapportant les *paroles* [*Aqwal*] ou les *actes* [*Af'al*] ou son approbation tacite [*Taqrir*] de paroles exprimées ou d'actes accomplis en sa présence.

simple, celle de ne pas interférer avec le Coran qui doit être seul fixé par écrit. D'autre part, de ne pas l'idolâtrer en lui attribuant des hauts faits épiques, des actes surnaturels, des actions romanesques, des exploits mythiques. Bref, le comble serait de l'idolâtrer, lui qui a combattu justement l'idolâtrie, le summum de la mécréance.

Quoi qu'il en soit, le Raçoūl n'a pas été écouté et quelques siècles plus tard, on se met à récolter et à compiler les deux concepts *Hadith* et *Sunna* qui fusionnent sous la forme de recueils qui ont fini par englober ce que l'on nomme la *Tradition*. Puis, vers le XI-XIIe siècle apparurent les premiers d'une longue chaine ininterrompue de *Professionnels de la Tradition* ou *Traditionnistes* ou *Traditionnalistes* [*Uléma* & *Muftī*]. Ceux-ci se sont, plus tard, structurés en un *Ordre*, c'est à dire une association regroupant les membres initiés de cette profession naissante. Depuis, les Traditionnistes se réfèrent à la *Tradition* plutôt qu'à l'explication rationnelle ou scientifique des raisons de telle ou telle chose.

La *Tradition* est donc cet ensemble de Hadiths[87] censé avoir été dit, fait ou approuvé par le Raçoūl et qui *cautionne* une prescription religieuse.

L'analogie de cette Tradition avec le Talmud[88] est à maints égards des plus surprenantes[89] !

---

[87] Selon les *Traditionnistes* [*Uléma, Mufti, Imam, Cheikh, Saint*, etc.], il n'est pas indispensable que tout *Hadith* réponde à une « *Sunna* » et la certifie. Il se peut fort bien, au contraire, qu'un Hadith soit en contradiction avec la Sunna. De ce fait, l'acrobatie textuelle des Traditionnistes est de faire du Hadith au sens restreint, des paroles du Raçoūl un constituant synonyme de Sunna [*mouradif li Sunna*].

Une grande partie de ce qui compose la *Tradition* [Hadiths & Sunna] a été forgée de toutes pièces. En effet, les ouvrages les plus complets ne furent composés, qu'au début du IVe siècle de l'Hégire [XIe siècle]. Les différents partis [*Alides, Shiites, Omeyyades, Fatimides,* etc.], les sectes [*Kharidjite, Nizarite, Kaysanite, Qarmate, Ismaélien, Zaidite, Soufis,* etc.], les écoles juridiques ou « *théologiques* », pour soutenir leurs doctrines ou appuyer leurs thèses, ne se sont pas privées de recourir à ce procédé d'enrichissement du corpus

---

[88] *Talmud*. Il s'agit de la *Tradition des Ancêtres*. Recueils des préceptes et des enseignements des grands rabbins.

[89] *Le recueil du Talmud et le recueil du Hadith*. Selon les Rabbins, Moïse a reçu deux révélations de l'*Eternel*. L'une, écrite, la *Thora*, reste trop complexe, trop ésotérique pour le Juif ou le commun des mortels. Alors l'Eternel a révélé son explication ou exégèse sous forme d'une compilation ; il s'agit du *Talmud*. Cours d'instruction religieuse, celui-ci est institutionnalisé, étudié et transmis de Rabbin à Rabbin selon une chaîne ininterrompue dans les Ecoles ou Universités rabbiniques.

Le *Talmud* est la *Loi orale* [ou « *Thora orale* »]. Il s'agit de l'ensemble des recueils qui en renferment la substance, en particulier le code constitué de la Michna [palestinien ou babylonien - « *Hadiths* »] et de son exégèse ou commentaire [palestinien ou babylonien] la *Guemara* [« *Sunna* » ou actes].

Parallèlement, selon les *Traditionnistes* [Oulémas, Cheikhs, Muftis, Imams, Saints] le Raçoûl Moûhammad a reçu deux révélations d'Allah. L'une, écrite, le *Coran* [Qour'ān] reste trop complexe, trop ésotérique pour le Musulman ou le commun des mortels. Alors Allah a révélé son explication ou exégèse sous forme d'une compilation ; il s'agit du *recueil des Hadiths* ou Tradition [« *Michna* »]. Cours d'instruction religieuse, celle-ci est institutionnalisée, étudiée et transmise de Traditionniste à Traditionniste selon une chaîne ininterrompue dans les Ecoles ou Universités traditionnistes [Al-Azhar, Damas, etc.].

La *Tradition* est la *Loi orale* [ou « *Coran oral* »]. Selon les Traditionnistes, il s'agit de l'ensemble des recueils qui en renferment la substance, en particulier le code constitué, toujours d'après les Traditionnistes, du Coran et de son exégèse ou commentaire [Mecquois ou Médinois] : le *Tāfsir*.

de la Tradition par l'invention d'un grand nombre de Hadiths. Certains y voient un moyen d'atteindre des buts mercantiles, d'accéder à la notoriété ou de lorgner vers le Pouvoir. Enfin, d'autres y furent encouragés pour des raisons plus élémentaires telles que le souci d'exhorter les fidèles à une vie plus vertueuse, particulièrement dans le cas des prédicateurs [*wa`iz*] ou celui des conteurs d'histoires [*qaças*]. Quoi qu'il en soit, le *corpus de la Tradition* a été, par la suite, progressivement constitué[90] et prit quasiment le premier rang, avant le Coran, en tant qu'autorité et source de législation.

L'Histoire et la critique textuelle témoignent que depuis cette époque [XIVe siècle] la société musulmane aux mains des *Traditionnistes* [*Ulémas, Muftis, Imams, Cheikhs, Saints*] auxiliaires de la *Ploutocratie*[91] et de la *Junte militaire* qui institutionnalisent la *Tradition* : la « *Tradition des Ancêtres* ». Naturellement, la résultante inéluctable est la disparition de la libre pensée, des Sciences et des arts, l'annihilation de la société et la cristallisation de l'Islam[92]. Indéniablement, le résultat désastreux s'affiche quotidiennement devant nos yeux !

---

[90] AL-BOKHARI [810-870], MUSLIM [819-875], ABOU-DAWOUD [817-889], AT-TIRMIDHI [823-893], IBN-MAJAH [824-887], AN-NAWAWI [1233-1277], etc.

[91] *Ploutocratie*. Gouvernement exercé par les plus riches. Régime politique dans lequel s'exerce ce gouvernement.

[92] Cet état de dégénérescence est à l'origine d'un état pathologique chronique favorisant la prolifération de toutes sortes d'agressions fatales au cours des siècles [*Sectarisme, Croisades, Reconquista, Colonialisme, Néocolonialisme, Terrorisme d'Etat, Dictatures sanguinaires,* etc.].

Conclusion

L'Islam est la garante des conventions humaines.

A priori, la fonction de l'Islam est de garantir tout le système conventionnel, c'est à dire les règles de pensée, de langage et de conduite de l'Humanité. La relation entre la créature humaine et son Créateur, le rapport entre l'homme et son ego [*Nāfs*], et l'individu au sein d'une société se précise tout au long des *6236 versets* que composent les 114 sourates que constitue le Coran.

Le contenant [Coran] et le contenu [L'Islam] forment un système de communication et d'échange sans lequel le Musulman peut ressentir, mais non penser le monde.

D'un point de vue ontologique, si l'Univers est expliqué, géré et décrit par la pensée, il est donc naturel de supposer qu'il a été créé avec pensée et que les lois de la nature que cette pensée découvre sont les Lois d'Allah !

L'évolution de la culture a développé une représentation cohérente et ordonnée du monde. Les membres qui composent celui-ci établissent que le pouvoir spirituel à l'origine de ce monde est lui-même cohérent et ordonné, et qu'il détient une unité. Ils réalisent donc progressivement que l'ordre naturel du monde dispose d'une trame intelligente.

La conception d'un *intellect supérieur* associée au sentiment qu'ils n'ont pas inventé mais découvert cette trame mène les hommes à comprendre qu'un Etre doit forcément connaître le monde dans sa totalité et qu'Il possède une Intelligence différente de la leur.

Ainsi, plus l'Homme apprécie la complexité de la trame, plus il s'émerveille de l'Intelligence qui est à son origine. En conséquence, l'Hommes formule une conception plus mûre de la divinité en tant qu'Etre qui possède Sagesse et Puissance, et demeure incomparable à un mortel !

Index alphabétique

A

Abyssinie, 23
Acte économique, 120
Adhérence, 48
Agnostiques, 74
Allah a établit Sa loi immuable, 67
Allah créé l'Univers, 51
Allah Rāhmāni Rahīm, 72
Animalité, 42
Animisme, 30
Antiquité, 57
Arabie, 22
Arabie préislamique, 21
Arianisme, 24
Ascétisme, 138
Assur, 25
Astronomie, 42, 60
Athée, 74
Attribut d'Allah, 132
Āyāt, 80

B

Babylone, 25
Babylonien, 141
Bāiynā, 69
Biologie, 42
Bouddhiste, 26
brassage génétique, 90
Byzance, 26

C

Çalât, 35, 70, 103, 104, 105
Çalāt, 103
Campagne d'Egypte, 112
Cellule familiale, 127
Chamanisme, 30
Chimie, 42
Chine, 25
Cité du monothéisme, 111
Civilisation humaine, 84
Civilisation monothéiste de l'Islam, 115
Code Napoléon, 112
Cognition de l'homme, 48
Complexité abyssale de la Création, 52

Conception réelle de l'Univers, 36
Condition de la dignité humaine, 97, 137
Connaissance, 48
Connaissance de l'Univers, 41
Connaissance réelle de l'Univers, 49
Constantin le Grand, 26
Constantinople, 26
Création de l'Homme, 44, 89
Créatures douées d'intelligence, 37
Credo monothéiste, 45
Cultures traditionnelles, 30
Çyam, 106
Cyanobactérie, 43

D

Darwinisme social, 119
Déliquescence sociale, 29
Demande en mariage, 124
Démocratie véritable, 111
Désordre, 73
Dhikr, 82
Dhikr [Rappel, Évocation], 81
Dieu Unique, Vivant et Spirituel, 45
Dignité de la condition humaine, 96
Dîne de droiture, 17
Disciplines scientifiques, 42
Divorce, 126
Droit, 42

E

Economie, 42, 117
Education, 115
Égypte, 24
Enseignement complet à l'Homme, 48
Enseignement de l'homme, 49
Eschatologie, 65
Esprit scientifique, 42
Éthiopie, 23
Ethique, 97
Être au service de l'Humanité, 58, 93
Europe des barbares, 26
Excellent modèle, 137
Expression Shaytān, 40

F

Famille, 123
Fatimides, 141
Filiation, 123
Finances, 118
Fins ultimes de l'Homme, 65
Forme originelle de la croyance, 17

G

Garde-fou, 58, 114
Genèse des Sciences, 49
Genre humain, 89
Ghaïyb, 37
Grèce, 26
Groupe familial, 92
Guemara, 141

H

Hādām, 17, 43, 48, 75
Hādām, premier Messager d'Allah, 108
Hadith, 138
Hadramaout, 23
Hājj, 107
Hégire ou Hījrā, 80
Hiéroglyphes, 24
Himyarites, 23
Histoire de l'Arabie, 22
Hominisation, 43
Homme, 40
Homme n'a pas de prix, 96
Homme responsabilité, 97
Homo économicus, 122
Humanité, 29

I

Iblīs, 17, 40, 75
Iblīs le Ifrit, 73

Ibn-Khaldun [historien\, 1332-1406], 121
Inde, 25
Intelligence à l'origine de l'Univers, 45
Inter divin ou tāwhidien, 98
Inter environnemental, 98
Inter Nāfs, 98
Islam affranchit l'Homme, 42
Islam conçoit l'éducation, 115
Islam définit la richesse, 119
Islam établit la réalité humaine, 43
Islam pas figé dans rituel, 18
Islam présente l'homme, 41
Islam révèle la Vie, 43
Islam, au service de l'Humanité, 41
Ismaélien, 141

J

Jahānāmā [, 35
Jahiliya, 136
Jānna [, 35
Jinn, 39, 65, 75
Jordanie, 23
Judaïsme, 24
Justice, 98
Justice d'Allah, 72

L

Langage, 48
Liberté, 42, 99
Liberté de choix, 124
Liberté de conviction, 99, 100
Liberté du culte, 100
Libre-arbitre, 38

M

Maître ès Shaytānisme, 77
Makka ou la Mecque, 80
Malāk [pl. Malāyka], 38
Malak al-Māwt, 70
Malak al-Māwt [Malak de la mort], 39
Malāk Jībrīyl, 38
Malāyka, 105
Malāyka chargés de la protection de l'homme, 39
mariage, 90
Mariage homosexuel, 127
Mathématiques, 42
Médecine, 42
Mésopotamie, 25
Métaphysique, 50, 97
Michna, 141
Mode d'emploi de l'adoration divine, 18
Modèle de vertus, 139
Moïse, 140
Monachisme, 24
Monogamie, 125
Monophysite, 23

Monothéisme Islam, 46
Mort, 68
Mufti, 54, 117, 140
Musulmans, 40
Mythiques, 31

N

Nabatéens, 23
Nāfs, 39, 65, 67, 104
Napoléon Bonaparte, 112
Nature livre ses secrets, 49
Notion de responsabilité, 97

O

Objectif et sa finalité, 43
Obligations religieuses, 35
Omeyyades, 141
Ordre, 73, 98
Ostrogoths, 26
Othman Ibn Affan [m. 656], 79

P

Panenthéisme, 30
Panthéisme, 30
Papauté, 26
Perse, 24
Physique, 42
Polythéisme, 30

Pongidae, 43
Positivistes, 74
Post mortem, 66
Pouvoir temporel, c'est à dire l'Etat, 115
Pratique religieuse humaine, 17
Préhistoire, 57

Q

Quête du savoir, 48

R

Rabbins, 140
Raçoūl Messager illettré, 135
Raçoūl Moūhammad, 38, 80
Raçoūl Moūhammad : le modèle à suivre, 134
Rāmadān, 106
Rassemblement Ultime, 68
Réalité d'un Univers objectif, 50
Recherche scientifique, 53
Réflexion, 60
Religion, 30
Rencontre d'Allah, 131
Rencontre Ultime avec Allah, 105
Représentations mythologiques, 32
Respect de sa dignité, 96
Responsabilité des humains, 35
Révélation d'Allah, 46
Révélation de l'Islam, 79
Rībā, 123
Richesse, 118
Rome, 26
Roūçoūl [Messagers], 29
Roūh [relatif au Principe Vital, à la Vie], 38, 68
Royaume Nabatéen, 23
Royaume Sabéen, 23
Royaume minéen, 22

S

Science, 57
Science, selon l'Islam, 53
Sciences humaines, 42
Sciences islamiques, 84
Sectes, 141
Sémites, 22
Shāri'a [Loi], 111
Shayātīn [sing. Shaytān], 40
Shayātīn jinno-humains, 76
Shaytānisme, 74
Shiites, 141
Simienne, 43
Société hādāmique, 127
Soufis, 141
Sourates, 80
Sunna, 138
Syrie, 25

Système nerveux au stade final, 48

T

Tāfsir, 141
Talmud, 140
Tāwhid, 44, 82, 108, 138
Tradition, 140
Tradition des Ancêtre, 142
Tradition des Ancêtres, 30
Traditionniste, 54, 117, 140
Transcendance d'Allah, 47

U

Uléma, 54, 117, 140
Unicité d'Allah, 44
Unique monothéisme, 44

Unité du genre humain, 89
Univers, 31

W

Wei, 25
Wisigoths, 26

Y

Yāwm al-Qiyāma, 35, 65
Yémen, 24

Z

Zaidite, 141
Zakāt calcul, 35, 103, 105, 120, 122
Zakāt, 122
Zoroastrisme, 25

Table des Matières

Introduction

I - Qu'est-ce que l'Islam ?
  A - Un peu d'histoire 22
    1 - L'Arabie 22
      a - Les anciens royaumes 22
      b - Des Nabatéens aux Perses. 23
    2 - Au voisinage de l'Arabie 24
      a - L'Égypte 24
      b - La Perse. 24
      c - La Mésopotamie. 25
      d - La Chine 25
      e - L'Inde. 25
      f - Byzance. 26
      g - La Grèce. 26
      h - Rome. 26
      i - L'Europe des barbares. 26

II - Les croyances de l'Humanité avant l'avènement de l'Islam
  A - L'Homme au bord de l'abîme. 29

III - La Révélation de l'Islam
  A - Le précepte coranique 35
  B - Les trois créatures douées d'intelligence 37
    1 - Le Malak 38
    2 - Le Jinn 39
    3 - L'Homme - Son origine 40

C - Unicité d'Allah - Tāwhid [Unicité divine] - Unique monothéisme 44
D - Quête de la Science [savoir, connaissance] 47
E - Conception réelle de l'Univers... 50

IV - Genèse de la Science
A - La Science découle d'une croyance ou religion 57
   1 - Le Coran outil réflexif 58
B - Hommage du Coran à la Science 59
   1 - Eloge aux savants [aux scientifiques] 59
   2 - Réflexion sur l'Univers [Astronomie] 60
   3 - Réflexion générale sur l'intelligence, le raisonnement la quête de la Science 60

V - Al-Yāwm al-Qiyāma
A - Eschatologie - Finalité de la vie humaine 65
B - Nāfs et Roūh - Notions 67
C - La mort, aspect d'un non-retour...................................... 68
D - Notion ordre et désordre - Le Shaytānisme - Cas d'Iblīs 73
   1 - La notion d'ordre et de désordre. 73
   2 - Le Shaytānisme - Cas d'Iblīs 74

VI - Le Coran [Qour'ān]
A - Le Coran, Dhikr... 80
B - Thèmes relatifs à tous les aspects de l'existence humaine 82

VII - Préceptes fondamentaux de l'Islam
A - Unité du genre humain 89
B - L'homme au service de l'Humanité.................................. 93
C - La dignité de la condition humaine................................. 96
D - L'Homme, sa responsabilité.. 97
E - Liberté de conviction... 99

VIII - Pratiques du Dīne
A - Çalāt 103

B - Çyam 106
C - Hajj 107

IX - Cité et Civilisation monothéistes
   A - Cité du monothéisme : société musulmane.................... 111
   B - L'Etat 113
   C - L'Education 115
   D - L'Economie 117
   E - La famille 123

X - Rapport de l'Homme avec le divin
   A - Souvenir de la Rencontre d'Allah................................ 131
   B - Raçoūl Moūhammad : le modèle à suivre....................... 134
   C - Hadith et Sunna... 139

Conclusion

Index alphabétique

Table des Matières

© 2015, Boutammina, Nas E.
Edition : Books on Demand, 12-14 rond-point des Champs Elysées, 75008 Paris
Impression : Books on Demand GmbH, Allemagne
ISBN : 9782322012862
Dépôt légal : Mars 2010